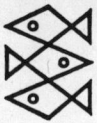

Über den Autor und das Buch   »Er war der geborene Erzieher«, rief Max Liebermann seinem Gast- und Auftraggeber, Briefpartner und Freund nach, »also erzog er erst sich selbst, bevor er andere erziehen wollte.« Alfred Lichtwark (1852–1914) hat als eigentlicher Begründer der Hamburger Kunsthalle, Kunstschriftsteller, Kunstpolitiker Großes bewirkt, seine Leistungen und Lehren, zeitgebunden gewiß und aktualitätsbezogen, haben Bestand, der Weg des Müllersohnes von der Armenschule durch Volksschullehrerjahre zu Rang und Geltung eines »praeceptoris germaniae« (Liebermann) ist so beispiellos wie beispielhaft. Der berühmte Museumsleiter hatte den Entdeckerblick für bedeutende Alte und bedeutende Neue–für Meister Francke und Meister Bertram, für Runge, für französische Impressionisten und hervorragende deutsche Maler der Jahrhundertwende. Als Alfred Lichtwark »andere erziehen wollte«, ging es ihm um die Erziehung des Auges in einem das ganze individuelle und gemeinschaftliche Leben umfassenden Sinn, um visuell bestimmte Kultur des Alltags, um Städtebau und -wesen, Architektur, Kunstgewerbe, Park und Garten, den natürlichen Blumenstrauß und rechtes Farbgefühl, rechte Kleidung, Förderung des selber fördernden Dilettantismus, zumal um die von ihm zu Würden gebrachte Amateurphotographie, um Buchkunst bis zum Ex libris und zum Lesezeichen. Seine Aufmerksamkeit aufs Hamburgisch-Eigene war Teil seiner Universalität, das Ästhetische für ihn Element des Sozialen und Humanen, die Erziehung des Auges zugleich Erziehung des Herzens.

Der Herausgeber   Eckhard Schaar, geboren 1932 in Königsberg/Preußen, studierte Kunstgeschichte, Archäologie und Alte Geschichte in Florenz, Den Haag, Hamburg, Heidelberg, Köln. Promotion in Köln bei Hans Kauffmann. Intensive Beschäftigung mit holländischer Malerei, italienischer Zeichnung und der Graphik des 19. Jahrhunderts. Unter seinen Publikationen: *Die Handzeichnungen von Carlo Maratta; Menzel, der Beobachter; Von Delacroix bis Munch. Künstlergraphik des 19. Jahrhunderts; Rembrandt. 100 Radierungen; Die Galvanographie des Franz von Kobell* (Essay). Studien über deutsche, italienische und niederländische Handzeichnungen. In Vorbereitung ein Band über den Bilddruck des 19. Jahrhunderts. – Eckhard Schaar leitet das Kupferstichkabinett der Hamburger Kunsthalle.

Alfred Lichtwark

Erziehung des Auges

Ausgewählte Schriften

Herausgegeben
von Eckhard Schaar

Fischer Taschenbuch Verlag

Lektorat: J. Hellmut Freund

Veröffentlicht im Fischer Tschenbuch Verlag GmbH,
Frankfurt am Main, Mai 1991

Für diese Zusammenstellung
© 1991 Fischer Taschenbuch Verlag GmbH, Frankfurt am Main
Umschlaggestaltung: Buchholz / Hinsch / Hensinger
Abbildung: Graf Leopold von Kalckreuth, ›Alfred Lichtwark‹
Gesamtherstellung: Clausen & Bosse, Leck
Printed in Germany
ISBN 3-596-23612-6

Inhalt

Erik Fischer, dem langjährigen Direktor
des Kopenhagener Kupferstichkabinettes,
zum 71. Geburtstag

Zustände

Auf dem Mannheimer Museumstag 1901 äußerte Lichtwark: »Wenn wir nur die Entwicklung von einem Menschenalter vorauszuahnen vermöchten, würden die Zaghaften und Zweifler, denen in jedem Fall der Entwicklung alles schon zu weit geht, sich bescheiden.« Die Museen seien schließlich noch eine junge Einrichtung, doch in einem Menschenalter hätten sie eine ungeheure Entwicklung durchgemacht, so daß heute noch kein Mensch wissen könne, was sie in zwanzig Jahren sein würden!

Im letzten war Lichtwark ein Moralist, sein Anliegen die Belehrung zu Besserem. Als Methode diente ihm ein bewährtes Mittel seines noch jungen Berufsstandes des Kunstgelehrten: das der Beschreibung. Ob es um Städtebau oder Photographie geht, um die Sommerreise auf einer Yacht, um »Palastfenster und Flügeltür«, Garten und Park, ja um Blumen: bei Lichtwark steht hinter allem die Absicht, das Leben in all seinen Formen zu erneuern. Seine Gegenwart war das Wilhelminische Zeitalter, das er von Anfang bis fast ans Ende miterlebte und das in ihm das Trauma eines langsamen, schließlich des beschleunigten Unterganges einer ehemals ungebrochenen Kultur entstehen ließ. Die Dinge in ihrem damaligen beklagenswerten Zustand beschreibend, wies er auf Vergangenes hin, aus dem heraus sich das Gegenwärtige entwickelt hatte. Doch hierbei konnte er nicht verweilen, denn hier ließ sich nachweisen, wie reformbedürftig etwa die Gartenkultur, das Museumswesen oder die Architektur seien. Dabei war er nicht der Prophet, dem eine geschlossene Ideologie zur Verfügung stand, von der aus sich alles beurteilen ließ. Ein lebendiger Beobachter, dem der gute Schnitt eines Anzuges ebenso auffiel wie die sinnvoll bequeme Einrichtung einer Schiffskajüte oder das gute Licht im alten Kuppelsaal der Wolfenbütteler Bibliothek, wollte er die daraus gezogenen Schlüsse nutzbar machen für die Gegenwart. Sein Kulturbegriff machte den Toilettenbeutel zum Kulturbeutel, als er kurz nach seinem Hamburger Amtsantritt – wie Anna von Zeromski berichtet – in einem Vortrag über die Art sprach, sich zweckmäßig und schön zu kleiden. Auch wo man am Hut eine Schleife anbringen solle und nach welchen Gesichtspunkten Krawatten auszuwählen seien, habe er geraten. Wie allen erfolgreichen Reformern ging es auch Lichtwark um das Abstreifen überlebter, sinnentleerter Gewohnheiten. Allem voran in der Architektur. Er sagt dem Bauwesen seiner Zeit eine bloße Fassadengläubigkeit nach. Habe man sich für eine in der Form immer eklektische Fassade entschieden, gehe die Gestaltung des umbauten Raumes meist an den Bedürfnissen der Benutzer vorbei. Dies erkennt er nicht nur bei Museumsbauten. Er hängt den Vorwurf zumindest der offiziellen Architektur seiner Zeit an. Schuld daran seien beileibe nicht allein die Architekten. Der Architektur fehle im 19. Jahrhundert, dem Jahrhundert, in welchem nur noch Kommissionen entschieden, der verantwortliche und erfahrene Bauherr.

Hier schwingt noch ein anderer Vorwurf Lichtwarks an seine Zeit mit. Während des »Ancien Régime« habe man aus vornehmer Gesinnung und gewissermaßen generalistischen Kenntnissen heraus wie selbstverständlich auch Architektur gestalten können. Der Gegenwart jedoch fehle ein solches Vermögen. Grund sei der Mangel an künstlerischer Kraft, zu deren Ausbildung die überwiegende Zahl seiner Schriften rät. Denn künstlerische Bildung habe entschiedene »Einwirkung auf die äußere Erscheinung, die Lebenseinrichtung und Lebensführung des Menschen, auf die Sprache, sein Schaffen und den Genuß in jeder Gestalt«. Künstlerische Bildung ist dann auch keine angeborene Begabung, kein Privileg intellektueller oder standesmäßiger Überlegenheit, sondern Teilhabe an einem kollektiven nationalen Besitz, der, vom Geist eines Volkes getragen, in der Seele des einzelnen wirke.

Wie war Lichtwarks Werdegang? Aus zweiter Ehe war er der älteste Sohn eines Müllers in den hamburgischen Elbmarschen. 1852 in Reitbrook geboren, und mit kurzer Unterbrechung dort aufgewachsen, erlebte er die Natur der Vierlande schon in früher Kindheit so nachhaltig, daß etwa sein späteres Interesse an Garten und Blumen auf diesen frühen Eindrücken fußte. Die Jahre der Kindheit hinter den Elbdeichen endeten mit dem finanziellen Zusammenbruch der elterlichen Existenz: 1860 mußte man eine enge Stadtwohnung in Hamburg beziehen. Während der ersten sechs Hamburger Jahre besuchte er eine Privatschule. Als die Krankheit des Vaters jedoch die finanziellen Mittel der Familie erschöpft hatte, wurden Lichtwark und seine beiden Geschwister auf eine »Freischule« für Mittellose geschickt, die es damals noch anstelle der öffentlichen kostenlosen Grundschulen gab. Ein Jahr vor Beendigung der eigenen Schulzeit 1867 hatte Lichtwark vierzehnjährig einen erkrankten Lehrer für einige Monate vertreten müssen. Dem Hochbegabten hatte man eine Klasse von 60–70 Schülern anvertraut, und als sich nach seinem Schulabschluß den Eltern die Frage nach dem einzuschlagenden Berufsweg ihres Sohnes stellte, kam die Antwort von dessen jungem Lehrer Crull. Sie lautete »Lehrer«. Jetzt brauchte Lichtwark seine Arbeit als Hilfslehrer zusammen mit einem Gleichaltrigen nur fortzusetzen und am Abend eine Lehrerfortbildungsschule zu besuchen, an der er 1871 sein Examen bestand. So hat er bis 1875 an der Jakobikirchenschule unterrichtet. Dann versuchte er, im Laufe eines Jahres am Christianeum in Altona das Abitur nachzuholen, was aber mißlang. Für weitere fünf Jahre war er schließlich an einer Mittelschule als Lehrer tätig. In dieser Zeit traf er Justus Brinckmann, den Direktor des damals neu begründeten Museums für Kunst und Gewerbe, und besuchte dessen Vorträge in den neu eröffneten Räumen des Museums am Steintorplatz in Hamburg, wo Gewerbetreibende, Künstler und Lehrer in der Betrachtung von Form und Bestimmung unterschiedlicher Gefäße und Geräte unterwiesen wurden. Brinckmann zog Lichtwark damals zu Hilfsarbeiten heran und nahm ihn auf Einkaufsreisen mit. Jedenfalls geschah hier Lichtwarks entscheidende Begegnung mit der bildenden Kunst. Seinem Wunsch, sich Brinckmanns Museumsarbeit ganz anzuschließen, entsprach die Erkenntnis, daß hierzu eine Universitätausbildung nötig sei. Aus dem Kreis um die Jakobipfarrei wurde ihm Geld zur Aufnahme des Studiums in Leipzig zur Verfügung gestellt, wo Lichtwark im Sommersemester 1880 bei Anton Springer das Studium der Kunstgeschichte neben dem der Philosophie aufnahm. Mit 27 Jahren und als erfahrener Pädagoge hob er sich von den Kommilitonen ab, und hier zeigte sich erstmals der Abstand seiner Einsichten und Absichten von denen der üblichen Kunstgeschichte. Richard Muther erinnerte sich später dieser Begegnung: »Und wenn ich heute zurückdenke, wer mich allmählich sehen lehrte, wer mich ermutigte, in allen Dingen nicht Bücher zuerst, sondern den gesunden Menschenverstand um Rat zu fragen, wer mich anleitete, auch bei der Kunstbetrachtung als Mensch Menschenwerk, nicht als Gelehrter Fachobjekten gegenüberzutreten, so erinnerte ich mich dankbar der Abende bei Lichtwark. Mein ganzes früheres Wissen war ein ›Makartbukett‹, eine öde Aneinanderreihung toter verstaubter, da und dort zusammengetragener Fragmente. Lichtwark gab mir einen Strauß lebendiger Blumen dafür.«

Lichtwark war das, was man eine Führungspersönlichkeit nennt. Dazu gehören nicht unbedingt pädagogische Begabung oder gar erzieherische Interessen. Doch über gerade diese Fähigkeiten verfügte er, und sein Schrifttum ist ein Ausdruck dieses Wollens. Die Disposition seiner Argumente, seine Rhetorik, ja die verbale Eleganz seiner Erörterungen wirken aus einem Streben nach Überzeugung. Wenn solch erzieherische Fähigkeiten also zu seinem Wesen gehörten, war sein ursprünglicher Beruf eines Lehrers nichts als die einzige seiner sozialen Lage mögliche Berufswahl, um eine höher qualifizierte Position zu erlangen. Wer damals eine Volksschule besuchte, hatte kaum die Chance, nach dem Grundschulalter auf eine höhere Schule zu kommen. Hierfür gab es besondere Vorschulen, die zumindest nicht den ärmeren Schichten offenstanden, da sie schulgeldpflichtig waren. Begabte Volksschüler wurden im letzten Schuljahre in »Selekten« zusammengefaßt und konnten sich (in Hamburg erst nach Einführung der öffentlichen Volksschule 1870) nach Abschluß der Schulzeit zur Aufnahme ins Lehrerseminar melden. So bildete sich eine Lehrerschaft aus überdurchschnittlich Begabten, die einer schnell wachsenden Bevölkerung in Deutschland zur Verfügung stand. Wie aufgeschlossen diese Lehrerschaft war, wie sehr sie danach trachtete, überkommene Erziehungsmethoden gegen neue, aus eigener Erfahrung abgeleitete einzutauschen, zeigte die sogenannte »Kunsterziehungsbewegung« in Hamburg, die sich bald nach 1880 und noch vor Lichtwarks Hamburger Amtszeit artikulierte. Lichtwark muß sich darüber im klaren gewesen sein, daß der Beruf des Lehrers nur ein Sprungbrett für ihn sein sollte. Jedenfalls berichtet Anna von Zeromski in ihrer Lichtwarkbiographie, der von den Eltern gefragte Lehrer Lichtwarks, Wilhelm Crull, sei sich bei seinem Rat, ihr Sohn solle Lehrer werden, bewußt gewesen, daß sein Zögling »bei diesem Berufe nicht bleiben, daß er darüber hinauswachsen würde«.

Schon ein Jahr nach dem Studienbeginn in Leipzig wurde Lichtwark als Assistent an das neu errichtete Kunstgewerbemuseum in Berlin berufen, wo er im Sommer 1881 unter Julius Lessing (1843–1908) am Umzug in den Neubau von Martin Gropius (1824–80) in der Prinz Albrechtstraße teilnahm. Kein Geringerer als Max Klinger (1857–1920) schuf seinen ersten graphischen Zyklus als Illustration der Festschrift zur Eröffnung am 21. November 1881. Lichtwark war während der Festlichkeiten als Adjutant dem Kardinal Hohenlohe beigegeben, und der alte Kaiser reichte ihm die Hand auf dem abendlichen Fest beim Kronprinzen. In Berlin begegnete ihm erstmals die große Welt, und er selber schloß sich ihr an mit einer Wohnung im Tiergartenviertel und gesellschaftlichen Verbindungen zum Hof, zur Künstlerschaft und zur Aristokratie. Dabei beendete er sein Studium 1885 bei Springer in

Leipzig und begann eine ausgedehnte schriftstellerische Tätigkeit u. a. für die ›Nationalzeitung‹ und die ›Gegenwart‹. Briefe an seine Familie und die Essays selber geben eine Vorstellung von dieser Lehrzeit, die er selber zwischen zwei kulturelle Berliner Ereignisse, die Eröffnung des Kunstgewerbemuseums 1881 und die erste internationale Kunstausstellung Berlins, die Jubiläumsausstellung der Königlichen Akademie der Künste im neu errichteten Landes-Ausstellungsgebäude am Lehrter Bahnhof 1886, setzte. Anlaß dieser Essays sind die Ausstellungen wie etwa die vom South Kensington Museum in London besorgte Indische Ausstellung im Kunstgewerbemuseum, mit der das neue Haus an der Prinz Albrechtstraße eröffnet wurde, oder die Ausstellung ›Farbiger Skulptur‹, die mit vielen Leihgaben aus Dresden zustandekam. Es ist die Zeit, in der Fritz Gurlitt den in England längst mit einer großen Ausstellung geehrten Hans Thoma erstmals in Deutschland zeigt und von Jahr zu Jahr neue Gemälde von Böcklin präsentiert. Lichtwark ist nicht der Entdecker einer neuen Kunst, doch er erfaßt sie in Worten, wenn er sie – so etwa die Zeichnungen Klingers oder die des wiederentdeckten Carl Blechen – bei Gurlitt oder unter den Erwerbungen der Museen sieht. Er verkehrt mit Menzel, aber noch nicht mit dem finsteren, zurückgewiesenen Max Liebermann, den er erst einige Jahre später begreifen wird.

Nach Ablegung des Doktorexamens hatte Lichtwark Stellenangebote erhalten, die seinen Interessen nicht entsprachen. Als aber in Hamburg die seit 1869 bestehende Kunsthalle ihren einzigen Beamten, den Verwalter des Kupferstichkabinettes Christian Meyer, verlor, wandte sich Bürgermeister Weber an den Direktor der Dresdener Galerie Woermann mit der Bitte um Vorschläge für die Einrichtung und weitere Führung des hamburgischen Kunstinstitutes. Woermann aber empfahl Lichtwark, der daraufhin eine Denkschrift verfaßte. Sie überzeugte dermaßen, daß man Lichtwark auch das Direktorat der Kunsthalle antrug, das er am 1. Oktober 1886 antrat.

Mit welchen Plänen er sein Amt aufnahm, erleuchten die schon 1902 so genannten *Drei Programme*, Reden, die er in den Jahren 1886–88 hielt. »Wir wollen nicht ein Museum sein, das dasteht und wartet, sondern ein Institut, das tätig in die künstlerische Erziehung unserer Bevölkerung eingreift«, heißt es da. »Und das ist ja keine lediglich sittlich-ästhetische, sondern hervorragend volkswirtschaftliche Frage. Die Zukunft unserer Kunst wie unserer Industrie hängt davon ab, ob wir uns den prüfenden, große und strenge Anforderungen stellenden Käufer im eigenen Land zu erziehen wissen. Dafür ist aber noch so gut wie nichts getan.«

Zu den erzieherischen Maßnahmen solle die Nutzbarmachung des Kupferstichkabinetts für alle Interessierten gehören. Was aber die Erwerbungstätigkeit betreffe, so müsse man bei den geringen zur Verfügung stehenden Mitteln nicht nach Vollständigkeit, sondern nach künstlerischer Qualität streben. Dabei solle die moderne Kunst den Vortritt haben, und, so heißt es, auch hier »bedeutet ein Bild ersten Ranges mehr als eine ganze Galerie mäßiger Durchschnittsleistungen«. Eine Kunstbibliothek habe dem Publikum jederzeit zur Verfügung zu stehen. Ihr sei eine Sammlung von Photographien anzugliedern, die die Geschichte der Malerei und Architektur zu illustrieren habe. Denn Lichtwark plante hier auch die Einrichtung eines »Reiseapparates«. Der Reisende »muß bei uns die Photographien der Bilder und, was mir sehr nötig scheint, der Gebäude sehen können, die er aufzusuchen hat; ebenso muß ihm die Bibliothek der Kunsthalle die einschlagenden Werke zur Vorbereitung bieten«.

Die zweite Programmschrift, vom März 1887, gibt eine Rede vor dem Schulwissenschaftlichen Bildungsverein wieder. Der Deutsche – so Lichtwarks These – sei dem vergleichbaren Engländer und Franzosen an Wissen durchaus nicht unterlegen – dafür aber an allgemeiner Lebenskultur. Angefangen bei der mangelhaften Pflege seines Äußeren, ließen schlecht sitzende Kleidung und ungehobelte Manieren einen Mangel an Bildung des Auges wie des Geschmackes erkennen. So könne sich der heutige Deutsche nur mit seinem Musikverständnis, nicht aber in literarisch-sprachlicher Hinsicht noch in seiner mangelnden bildkünstlerischen Erziehung sehen lassen. Der musikalischen Bildung, die viele mit der Erlernung eines Instrumentes erführen, lasse sich nicht Entsprechendes im Zeichnen oder gar Malen an die Seite stellen. Andererseits gebe es mehr Kunstakademien und Kunstgewerbeschulen in Deutschland als anderswo, doch »stehe deren Produktion in der Luft«, da hier der Käufer mit selbständigem Geschmack fehle. Der gebildete Engländer dagegen »hält nachträglich auf sein eigenes Gutbefinden, da er richtig sehen wie er richtig sprechen lernt«. In Deutschland fühle sich der gediegenste Reichtum arm, sobald an ihn die Anforderung herantrete, eine Ausgabe für Kunst zu machen. So sei es nötig, daß auch in Deutschland die höchsten künstlerischen Leistungen möglich würden, denn bisher hätten deutsche Künstler fast nur im Ausland einen Markt gefunden – im Gegensatz etwa zu den Engländern, die zu Hause so gefragt seien, daß sie auf ausländische Ausstellungen nur Bilder schickten, die vorher fest bestellt seien.

»Diesen Zuständen muß ein Ziel gesetzt werden«, sagt Lichtwark. Denn »es hat noch nie eine Kunstblüte gegeben, die sich auf die Ausfuhr begründet hätte; der Export war immer die Prämie der innerhalb des Volkstums entwickelten Leistung der Kunst... Denken Sie... an Japan, die Niederlande, an Frankreich, die italienischen Stadtrepubliken.«

Jedenfalls müsse die Schule hier wichtige Erziehungsarbeit leisten. Die Fähigkeit, anzuschauen und die Freude am Einfachen, Gediegenen, Sachgemäßen müsse geweckt werden ebenso wie beim Betrachten moderner Kunst das Bewußtsein vorherrschen möge, daß man in *seiner* Zeit lebe. Die Fähigkeit müsse ausgebildet werden, Kunstwerke anzuschauen. Auch solle dabei besonders was Architektur betreffe, gerade die eigene Heimat starke Berücksichtigung finden.

Die dritte der Programmschriften behandelt nicht nur eine über den Bereich der Kunst hinausgehende öffentliche Angelegenheit, sondern wurde selber zum Politikum. An der Spitze einer Gruppe von zwanzig Vertretern politischer und anderer Körperschaften warb Lichtwark für eine besonnene Ausstattung des im Bau befindlichen neuen Rathauses. Im Jahr des Zollanschlusses Hamburgs an die übrigen Staaten des Deutschen Reiches gab er vor allem zweierlei zu bedenken. Bei Beschaffung der Ausstattung des repräsentativen Bauwerkes im Hamburger Staat möge man alle Aufträge an Hamburger Kunsthandwerker vergeben. Nicht vorhandene oder ausgestorbene Gewerke könne man durch Aufträge für das Rathaus neu beleben. Den entgegengesetzten Standpunkt empfahl er für die malerische und skulpturale Ausstattung. Hier solle man nicht nur heimischen Kräften Spielraum gewähren, »sondern es muß gefordert werden, daß das Beste entsteht, was Deutschland zur Zeit vermag«. Außerdem nahm Lichtwark hier zum ersten Mal in aller Deutlichkeit gegen den wilhelminischen Eklektizismus Stellung: aus dem Übermaß der architektonischen und ornamentalen Überladung müsse man zu größerer Einfachheit und Sachlichkeit zurückkehren.

Der Museumsdirektor wirkte also von Anfang an als Erzieher und Anreger. Wilhelminischer Zeitgeist in seiner unreflektiertesten Ausprägung aus mangelnder Kultur, Traditionslosigkeit und materialistischer Einseitigkeit ließ Lichtwark einerseits verschüttete Traditionen, ja Geschichte, ausgraben und andererseits die eigene Zeit erkennen, die sich von den leeren Klischees historischer Nachahmung zu befreien suchte. Hier galt es, das Echte, Lebensvolle, das Vitale aufzuspüren. Lichtwark hat in einem Menschenalter die fünfhundertjährige Kunstgeschichte der Stadt Hamburg neu entdeckt.

Mit der Entdeckung des Holztafelbildes ›Christus als Schmerzensmann‹ in der Hamburger Petrikirche und ihrer Überführung in die Kunsthalle war der Weg frei für die Wiedergewinnung des Meisters Francke. Der Schweriner Museumsdirektor Friedrich

Schlie erkannte bei einem Besuch der Kunsthalle in dem ›Schmerzensmann‹ dieselbe Hand, die die neun Tafeln aus dem ehemaligen Englandfahreraltar der Hamburger Johanniskirche – damals im Schweriner Museum – gestaltet hatte. Er nannte den Maler den »Hamburger Meister von 1435«, bis der Staatsarchivar Hagedorn herausfand, daß die Hamburger Englandfahrer 1424 mit Meister Francke den Vertrag zur Herstellung ihres Altares geschlossen hatten. Lichtwark gelang es nach zähen Verhandlungen, die Tafeln aus Schwerin nach Hamburg zurückzuführen. Wenig später konnte er den Grabower Altar als Werk des in den Hamburger Urkunden im letzten Drittel des 14. Jahrhunderts mehrfach genannten Meister Bertram von Minden erkennen, nachdem derselbe Friedrich Schlie auf dem Lübecker Kunsthistorikerkongreß 1900 ganz trocken die Hamburger Herkunft des Altares als Ergebnis der Archivforschung eines Landpfarrers bekannt gegeben hatte. Auch hier brachte Lichtwark es fertig, den Altar für die Hamburger Kunsthalle zu sichern und auf abenteuerliche Weise einen der beiden verlorenen, je sechs Bilder umfassenden Flügel unter den Übermalungen eines Bildes in der Hamburger Jakobikirche zu erschließen, wiederherzustellen und zu erwerben.

Den vergessenen Barockmaler Matthias Scheits würdigte er mit einer Monographie. Großes Verdienst kommt ihm auch mit der Entdeckung Ph. O. Runges zu. Hier erkannte er den, der »zuerst das Leitmotiv der sämtlichen ursprünglichen Künstler unseres Jahrhunderts in die Welt hinausschmettert: Licht, Farbe und bewegendes Leben«. Die Hamburger Kunstgeschichte wurde von Lichtwark erstmals sammlerisch dargestellt. Neben einer Sammlung zur Geschichte der Malerei in Hamburg baute er die Kollektion hamburgischer Meister des 19. Jahrhunderts auf: Oldach, Wasmann, V. E. Janssen entriß er der Vergessenheit und brachte Sammlungen dieser Künstler ein, die nicht nur den Löwenanteil ihres jeweils erhaltenen Werkes, sondern auch die wichtigsten Beispiele daraus einschließen. Auch die Arbeiten von

Morgenstern, die der Gebrüder Gensler, der Brüder Speckter sowie Ludwig Gurlitts sammelte er systematisch für die Kunsthalle.

Für eine Sammlung zeitgenössischer Malerei konnte er sich vielfach auf persönliche Bekanntschaft mit den führenden Künstlern stützen. So war er dem alten Adolph Menzel schon in Berlin über den Radierungen Rembrandts begegnet. Ihm konnte er 1886 den Auftrag der Stadt Hamburg erteilen, den Ehrenbürgerbrief für den Stifter G. C. Schwabe zu malen. Das erste moderne Gemälde eines jüngeren Meisters, das Lichtwark erwerben konnte, war Böcklins ›Heiliger Hain‹ (1888). Max Klinger war ihm schon seit Beginn seiner Berliner Zeit bekannt. Von ihm konnte er aber erst 1902 Teile der auf Leinwand gemalten Dekorationen der Villa Albers in Berlin-Steglitz erwerben. Liebermanns Bekanntschaft machte er dagegen erst nach Erwerbung der ›Netzflickerinnen‹ 1889. Kalckreuths Hafenbilder wurden 1894 erworben, 13 Jahre bevor er den Künstler ganz in die Nähe Hamburgs holen konnte.

Seit 1894 entstand die ›Sammlung von Bildern aus Hamburg‹. Hierin sollten Gemälde herausragender Meister Hamburg und seine Landschaft schildern sowie führende Persönlichkeiten der Stadt im Bilde festhalten. Kalckreuth, Liebermann und Corinth u. a. wurden eingeladen, Bilder dieser locker angelegten Sammlungsgruppe hinzuzusteuern. 1913 waren es auch Vuillard und Pierre Bonnard aus Frankreich, die Lichtwark für einige Sommerwochen nach Hamburg einlud. Sie schufen jeder ein Bildnis und hinterließen jeder zwei bzw. drei Landschaftsbilder.

Um schließlich die Freude und Erfahrung mit Kunst auszubilden, regte Lichtwark Kunstfreunde an, sich selber in verschiedenen Gebieten künstlerischen Wirkens zu versuchen. In der »Gesellschaft der Hamburgischen Kunstfreunde« wurde der Dilettantismus auf dem Gebiet der Buchausstattung, des Holzschnittes, des Zeichnens alter Hamburger Architektur, schließlich auch der Photographie, der Stickerei sowie der Herstellung von Blumenvasen und Blumentöpfen gefördert.

Lichtwarks Anerkennung der Photographie als bildkünstlerisches Mittel verschaffte der Kunsthalle in den Jahren 1893–1903 (mit Ausnahme von 1901) alljährliche Ausstellungen von Ernst Juhls ›Hamburger Gesellschaft zur Förderung der Amateurphotographie‹. Die Bezeichnung »Amateurphotographie« sollte nicht darüber hinwegtäuschen, daß die Ausübung der Photographie um die Jahrhundertwende immer noch mit einem unvergleichlich hohen technischen Aufwand und dem Einsatz beträchtlicher Erfahrung verbunden war. Der Erfolg der Hamburger Ausstellungen rührte auch von der Tatsache, daß neben den »Amateuren« wichtige professionelle Photographen vertreten waren, die sich dem von der Gesellschaft propagierten Begriff »Kunstphotographie« stellen konnten und wollten. Bildete die Photographie kein Sammelgebiet der Kunsthalle, so war es doch die Medaille, deren Pflege seit Jahrzehnten in Deutschland zurückgegangen war und deren Präsenz in Frankreich Lichtwark zum Anlaß nahm, französische Beispiele zu sammeln bzw. mit Erlaubnis der Künstler in der Staatsgießerei des Louvre nachformen zu lassen. Schon 1893 hatte die seit einigen Jahren angelegte Sammlung Früchte getragen, und die ersten der in Hamburg entstandenen Plaketten kamen in der Kunsthalle zur Ausstellung.

Neben den eigentlichen kunstgeschichtlichen Publikationen verfaßte Lichtwark eine Anzahl von kleineren Schriften, die selbständig oder mit anderen zusammen als Essays publiziert wurden und sehr oft aus Vorträgen hervorgegangen waren. Gerade in diesen knappen, brillant formulierten Aufsätzen äußerten sich Lichtwarks Anliegen am eindrucksvollsten.

Eckhard Schaar

Der junge Lichtwark

Vorwort zu ›Studien‹
Berliner Aufsätze 1881–86

Von Julius Lessing wurde ich zu Anfang der achtziger Jahre angeregt, über das künstlerische Leben Berlins zu berichten. Bis zum Herbst 1886 habe ich in der ›Gegenwart‹ und in der ›Nationalzeitung‹ die wichtigsten Erscheinungen regelmäßig besprochen.

Mit der breiten Entfaltung zu unsern Tagen verglichen, erscheinen die künstlerischen Zustände jener Epoche ärmlich und der politischen Hauptstadt Europas unangemessen. Eine Stadt von mehr als einer Million Einwohnern besaß nur eine einzige permanente Kunstausstellung, die noch dazu in einer abgelegenen Gegend vegetierte und im Spätsommer und Herbst geschlossen wurde. Die Großen Kunstausstellungen der Akademie fanden nur alle zwei Jahre statt und wurden vom Auslande kaum, von Süddeutschland noch wenig beachtet.

Über einen würdigen Ausstellungspalast, den München seit 1854 besaß, verfügte Berlin noch nicht. Als Kunstmarkt konnte es für moderne Kunst nicht neben München und für alte nicht neben Köln genannt werden, trotzdem es einzelne Kunsthändler von großem Ruf besaß. Kunstauktionen höheren Ranges waren sehr selten, die Berliner Gesellschaft als solche war mit dem Vergnügen, das der Besuch hervorragender Auktionen gewährt, wenig vertraut. Gesammelt wurde nicht sehr viel, jedenfalls nicht im Vergleich zu Paris oder London.

Bis 1886 gab es in Berlin keine einzige Kunstzeitschrift. Die Jahrbücher der königlichen Museen waren eine ziemlich interne Angelegenheit der Kunstverwaltung; der ›Kunstfreund‹, der erste Versuch, im modernen Berlin ein Kunstblatt zu gründen, das zugleich das Publikum interessieren sollte, schlief sehr rasch wieder ein. Die deutschen Kunstzeitschriften erschienen in Leipzig und München.

Diese Tatsachen malen das Bild einer Gesellschaft, zu deren Bedürfnissen die Beschäftigung mit der lebenden Kunst noch nicht gehörte.

Aber trotzdem drängte sich in die kurze Spanne Zeit von der Eröffnung des Gewerbemuseums 1881 bis zur Eröffnung der Jubiläumsausstellung 1886 eine solche Fülle künstlerischer Ereignisse, daß man wohl von einer Keimzeit sprechen kann.

Das Gebäude des Gewerbemuseums bildet den Schlußstein der Epoche, die von Schinkels Ideen beherrscht wurde. Es ist eine Prachtausgabe der Bauakademie. Während seine Gerüste noch standen, hatte in der Friedrichstraße die deutsche Renaissance, die das Stadtbild umzugestalten bestimmt war, 1880 mit den ersten Reklamebauten bereits ihren Einzug gehalten. Durch die Ausstellungen im Lichthof des Gewerbemuseums wurden in rascher Folge weite Gebiete der hohen und der angewandten Kunst erschlossen, deren Anschauung der Berliner Gesellschaft vorher fremd war. Die Eröffnung wurde durch eine Vorführung von Meisterwerken der alten indischen Kunst gefeiert. Eine Ausstellung von Gemälden japanischer Künstler aller Zeiten lehrte die Leistungen des japanischen Kunstgewerbes verstehen, die der Import einzuführen begann. Die Ausstellung alter orientalischer Teppiche leistete dasselbe für die Beurteilung der plötzlich in Mode gekommenen echten Teppiche.

Zur selben Zeit eröffnete eine der Ausstellungen der Nationalgalerie einen Blick in die Welt der modernen englischen und französischen Radierung, und etwas später wurden an derselben Stelle die erreichbaren Beispiele farbiger Skulptur alter Zeiten und Völker vereinigt. Es ist heute, nachdem in Max Klingers Salome das erste farbige Bildwerk auf weite Kreise überzeugend gewirkt hat, von Wert, die Ausgangspunkte der Bewegung zu betrachten, die in kurzer Zeit zu solchem Resultat geführt hat.

Eine von den Beamten der Museen organisierte Ausstellung von Kunstwerken aus Privatbesitz leitete eine neue Epoche für die Beurteilung der Kunst des Rokoko ein, und gegen 1886 wurde der erste Versuch gemacht, die Gestalt Rembrandts durch eine Publikation den Gebildeten sympathisch zu machen.

Die königlichen Museen waren unter Schönes Leitung in eine neue und glänzende Epoche eingetreten. Ganz Europa und in Folge dessen auch Berlin begann, die Wirksamkeit Bodes und Lippmanns, Lessings, Curtius', Conzes, Bastians und Humanns zu verfolgen.

Auch der Kunsthandel im modernen Sinne regte sich. Die entscheidende Periode der außerordentlich einflußreichen Tätigkeit Fritz Gurlitts liegt zu Anfang der achtziger Jahre. Er wagte es, dem hohnlachenden Publikum Jahr für Jahr die neuen Werke Böcklins vorzuführen, er machte die Berliner mit Thoma, Liebermann, Uhde, U. Hildebrand und Volkmann bekannt und besaß die Kühnheit, die Sammlung französischer Impressionisten des Prof. Bernstein dem durchweg entrüsteten Publikum vorzuführen.

Mit der Jubiläumsausstellung änderte sich das Bild. Der moderne Kunsthandel zog in Berlin ein, permanente Kunstausstellungen bürgerten sich ein, und ein festes Ausstellungsgebäude ermöglichte internationale Jahresausstellungen, die – nicht zum wenigsten auch wegen des Ausstellungsparks – das Rendezvous der Gesellschaft wurden. Darauf ist dann das Interesse an der Entwickelung der lebenden Kunst in breite Kreise eingedrungen. Heute, zehn Jahre nach der Jubiläums-Ausstellung, erscheinen in Berlin fünf Kunstzeitschriften, sechs, wenn das ›Jahrbuch der Königlichen Kunstsammlungen‹ eingerechnet wird.

Musik und bildende Kunst

I

Wenn es möglich wäre, dann dürfte es an der Zeit sein, durch ein Übereinkommen dem Worte Kunst einen neuen Inhalt, neue Assoziationen zu geben. Wo wir von Kunst reden, denken wir, wie es unsere Väter und Vorväter getan, zu allernächst an die Malerei und Plastik. Wenn der Künstler genannt wird, so steht vor unserm Auge ein Maler in langem Haar, und das Kunstleben der Residenz, ohne Zusatz genannt, bezeichnet fast ausschließlich die Kunstausstellungen. Und doch hat sich, seit vor hundert Jahren die bildende Kunst gleich Schneewittchen in Schlaf sank, eine Verschiebung vollzogen, die eine andere Kunst in den Vordergrund rückt. Es sind nicht mehr Malerei, Plastik und Architektur, die uns ins Innerste treffen, nicht Maler und Bildhauer sprechen zum Herzen des ganzen Volkes. Die Musik ist die Kunst unserer Zeit geworden, der Musiker müßte der Künstler an sich sein.

Dies Verhältnis tritt greifbar deutlich an unsern Kunstzuständen zu Tag. Das Musikleben fließt seit Wochen in breiten Wogen, trotzdem ist die Höhe der Flut noch lange nicht erreicht. Erst Mitte November hat dagegen der Künstlerverein in der Commandantenstraße seine viertehalb Räume mit einer kleinen Anzahl Bilder eröffnen können. Und dies ist die einzige permanente Kunstausstellung einer Residenz mit mehr als einer Million Einwohner. Wenn man die Künstler und ihre nächsten Kreise abrechnet, wie gering bleibt dann die jährliche Zahl der Besucher des Kunstvereins. Trotz der Zugbilder und ähnlicher Mittel, zu denen man schon gegriffen, dürfte das Konzertpublikum eines Abends hinreichen, um den Jahresbesuch einer Ausstellung zu überbieten. Man sollte einmal, soweit es möglich, den Konzertbesuch einer Saison mit dem der Kunstausstellungen und Museen vergleichen. Wenn schon das quantitative Übergewicht des Konzertpublikums die Schale der Ausstellungen in die Höhe schnellen würde, so kommt noch hinzu, daß die Museen ganz umsonst, die Kunstausstellungen für ein geringes Eintrittsgeld offen stehen, während die Konzerte an die Kassen derer, die Musik genießen wollen, ganz erhebliche Ansprüche stellen. Wie würde es um den Besuch der Kunstausstellungen stehen, wenn er auch nur ein Opfer von vier Mark verlangte? Und auf der andern Seite, was würden wir erleben, wenn Beethovens und Haydns Symphonien, Wagners und Webers Ouvertüren auf Staatskosten umsonst zu hören wären?

Dennoch glaube ich, wir stehen an einer Wende; allmählich wird dem so lange bevorzugten und einseitig ausgebildeten Ohr gegenüber das vernachlässigte Auge sein Recht verlangen. Die Anfänge sind schon erkennbar, es fehlt dem Publikum nur die Erziehung. Vielleicht erleben wir es noch, daß einmal eine andächtige Menge von einem Bilde begeistert, von einer Statue erschüttert wird.

II

So still wie in dieser Saison ist es lange nicht hergegangen. Noch hat kein Wanderbild die Reklame in Bewegung gesetzt, und weder die Ausstellung bei Gurlitt, noch die im Künstlerverein machte von sich reden. Die Plastik hat gänzlich versagt. Musik in allen Höfen, Musik in allen Häusern, Musik und wieder Musik in einem Dutzend Konzerte und Konzertchen an jedem Abend, während die bildende Kunst einsam steht wie ein Stiefkind im Winkel. Unsere Maler und Bildhauer könnten das Komplott schließen, ein Jahr lang die Produktion einzustellen, und man würde es erst bemerken, wenn sie wieder zu arbeiten anfingen, oder überhaupt nicht.

Aber dabei schwillt und treibt es aller Orten wie in der Landschaft unter der Schneedecke. Was würden ein paar sonnige Tage für Wunder wirken! Man könnte Musikfeind werden, wenn man bedenkt, welche Unsummen in unserm armen Vaterlande alljährlich für musikalische Genüsse ausgegeben werden, wie viel Zeit und Kraft wir auf einem Gebiete aufwenden, das für den nationalen Wohlstand unvergleichlich viel weniger Früchte trägt, als jede andere Kunstübung. Was für die bildende Kunst geschieht, hebt mit ihr das Niveau aller verwandten Leistungen. Die Musik steht allein da. Es führt von ihr kein Weg zu anderer Tätigkeit. Wie viele Millionen zahlt wohl das deutsche Volk alljährlich direkt und indirekt für seine Passion? Es zeigt sich auch darin wieder als Idealist, daß es sein Herz an ein volkswirtschaftlich unproduktives Wesen gehängt hat.

Doch was hilft die Klage! Warten wir ab. Vielleicht wird in naher Zukunft ein neuer Wind die befruchtende Wolke der Volksgunst über den Acker der bildenden Künste treiben. Er hat lange genug brach gelegen und steckt voller Keime, die auf den Frühling warten.

Publikum

Das moderne Publikum zerfällt nach seinem Verhältnis zur Kunst in drei Kategorien.

Für die breite Masse existiert nur, was in unsrer Zeit geschaffen wird. Aus dem Erbe vergangener Epochen kennt sie kaum einige der großen Meisterwerke, darunter fast gar keine Skulptur und an Gemälden wenig mehr als zwei oder drei Madonnen von Raffael, und auch diese nur im Stich. Die Originale würden ihr sicherlich weit weniger behagen. Ein altes Möbel, ein alter Einband sind ihr geradeswegs zuwider.

Einen gewissen Fortschritt bezeichnet die zweite, weit kleinere Gruppe. Sie ist kunsthistorisch gebildet und schwärmt für alles Alte und Altertümliche. Es gibt viele Grade dieser Befangenheit, die man in dem Umfange seit Jahrhunderten nicht gekannt hat. Einer ist auf eine einzige Periode versessen; er hat die Puschel der Gotik, des Quattrocento, des Rokoko, des Louis XVI. – das sind jetzt die Vornehmsten –. Andre haben keine ausgesprochene Vorliebe. Aber in einem Punkte treffen sie alle zusammen: sie negieren die moderne Kunst genau wie die niedere Schicht, über der sie sich erheben, die alte. Es gibt für sie kein modernes Kunstwerk, an das sie glauben könnten. Wenn sie die Gewohnheit hätten, ihre Ansichten zu formulieren, so würden sie sagen: eine eigentliche Kunst gibt es in unsern Tagen nicht mehr. Zu dieser Gruppe gehören viele Gelehrte, namentlich Historiker.

Die letzte Abteilung bildet eine Selecta, in die nur wenige gelangen. Sie vermögen schlechthin zu erkennen, was Kunst ist, einerlei, ob antik oder quattrocento, barock oder modern, japanisch oder englisch. Die Wenigen, welche sich in dieser Fähigkeit zusammenfinden, rekrutieren sich aus den verschiedensten Ständen, haben die verschiedensten Bildungswege durchgemacht. Manchmal sind es Künstler, wenn auch weniger oft als man denken sollte, selten Gelehrte, zuweilen geborene Erkenner, die den verschiedensten Berufen angehören können. Diese sind die Seltensten und die Sichersten. Eine Berührung mit ihnen wirkt wie eine Offenbarung, denn was sie als Gabe der Natur besitzen, läßt sich durch Erziehung nie ganz erreichen: Geschmack und eigenes Urteil.

Aber sie spielen in unserm Kunstleben keine hervorragende Rolle. Das große Publikum läßt die Kunst über sich ergehen, wie das Wetter. Der Altertümler kritisiert sie in jedem Falle mit dem Material seines historischen Wissens. Er ist nicht imstande, etwas Neues zu sehen, ohne sich sofort an Vergangenes zu erinnern, ohne sofort mit dem Maße vergangener Zeiten korrigierend und auch wohl züchtigend dreinzufahren. Er verlangt, daß auch die moderne Kunst beständig auf die alte sehen soll, wie ein Kind nach dem Lehrer. Beileibe keine neuen Wege, denn da läßt ihn sein Kompaß im Stich. Da er aber in Büchern und Journalen das Wort führt und sich zum Präzeptor der ungelehrten Menge aufgeworfen hat, so richtet er oft ernsthaften Schaden an. Der Laie, der sich ungebildet fühlt, weil er das Alles nicht so genau weiß und so sicher ausdrücken kann, wird an seinem natürlichen Geschmack irre und bescheidet sich in der Nachbetung. Schließlich läuft er, wenn er es einigermaßen ernst meint, ebenfalls ein in den Hafen der Altertümelei, der vor den Stürmen der Ungewißheit geschützt ist.

Indische Kunst

Seit im zweiten Drittel unseres Jahrhunderts die ersten Versuche gemacht wurden, dem gänzlichen Verfall unserer Gewerbe durch das Studium alter und fremder Vorbilder aufzuhelfen, haben wir ein interessantes Stück Entwickelungsgeschichte hinter uns.

Mit überraschender Klarheit und Sicherheit hatten die Führer der Bewegung – es braucht nur Semper genannt zu werden – Richtung und Ziel vorgezeichnet. Aber unbekümmert um die tiefere Einsicht dieser Männer hat die Praxis alle falschen Wege probiert, um auf allen umkehren zu müssen.

Im Anfang suchte man an den alten Mustern nur die ornamentale Außenseite und vereinigte oft an einem Werke die entlegensten Stile. Haben wir doch in unserer nächsten Nähe ein kleines Juwel klassizierender Baukunst, dessen Innendekoration maurisch ist! Nachher wurde man strenger und hielt auf eine gewisse Stileinheit. Vom gräzisierenden Schinkelstil, von der nebenherlaufenden Gotik fiel man ins Rokoko, um schließlich in der Frührenaissance oder im Barockstil das Heil zu erblicken. Dabei wurde von Jahrzehnt zu Jahrzehnt der Kreis der gelegentlich mitbenutzten Stile fremder Kulturvölker erweitert, so daß wir in jüngster Zeit bei den Ostasiaten angelangt sind.

Aber nach jedem der Anlehnungsversuche mußten wir ein vollkommenes Fiasko erleben und haben uns beständig auf engere Gebiete zurückgezogen, bis gegenwärtig der Sieg sich der Renaissance zuzuneigen scheint, die nur in der Gotik einen ernstlichen Mitbewerber neben sich hat.

Gerade in diesem Augenblick scheint sich jedoch die Erkenntnis auch bei uns Bahn zu brechen, daß wir weit tiefer zu fundieren haben, daß wir energisch auf die Norm des Bedürfnisses und der

Bedingungen des Materials zurückgehen müssen. Jetzt heißt es nicht mehr, von früheren Perioden entlehnen, sondern lernen. Unser materielles und ästhetisches Bedürfnis zu befriedigen vermag doch keine, auch die Renaissance nicht.

In diesem kritischen Momente ist die Ausstellung indischer Erzeugnisse, welche die Verwaltung des South-Kensington-Museums zur Feier der Neueröffnung unseres Berliner Kunstgewerbe-Museums veranstaltet hat, von doppelter Wichtigkeit. Mit einer großartigen Fülle von Material wird uns eine Industrie vorgeführt, die seit undenklichen Zeiten alle die Eigenschaften besessen hat, die wir aufs Neue zu erwerben uns als höchstes Ziel vorgesteckt haben. Zwar hat auch sie ihre Wandlungen erfahren, und kaum gibt es ein Kulturvolk der alten Welt, das nicht in der indischen Kunst seine Spuren zurückgelassen. Aber stets hat der indische Geist verstanden, das Fremde nach eigenen Gesetzen umzugestalten.

In jüngster Zeit hat allerdings auch die indische Kunst den zersetzenden Einfluß europäischer Kultur erlitten. Beispiele beklagenswerter Verirrung fehlen selbst unter den im Gewerbe-Museum ausgestellten Arbeiten nicht. Im Wesentlichen stammen diese jedoch aus einer Zeit, die in der alten Tradition beharrte.

Freilich läßt sich nur bei sehr wenigen Gegenständen die Entstehungszeit feststellen. Einmal ist die Geschichte der indischen Kunst überhaupt eins der schwierigsten Probleme, weil es in ihr so gut wie in der allgemeinen Geschichte des Landes jenseits der islamitischen Eroberung an verläßlichen Daten fehlt; dann sind gerade die schönsten und wertvollsten unter den Schöpfungen indischer Kunst zu einer Zeit nach England gelangt, in der man sich selten dazu verstand, über die örtliche Provenienz eine Aufzeichnung zu machen. Nur, wo es sich um Curiosa handelt, hat sich gelegentlich eine Tradition erhalten, z. B. bei einem Thronsessel des Tippoo-Sahib. In den meisten Fällen mußte sich das South-Kensington-Museum damit begnügen, auf den gedruckten Zetteln

Das Königliche Kunstgewerbe-Museum kurz vor der Einweihung (Mittelbau), Berlin 1881

an den Gegenständen ganz allgemein »Indien« als den Ursprung anzugeben, wobei jedoch nicht an die ganze Halbinsel zu denken ist, sondern nur an die Stromländer des Indus und Ganges. Historische Angaben sind selten versucht. Dagegen konnten eine Anzahl von Produkten örtlich fixiert werden, weil ihre Technik bis auf den heutigen Tag an der alten Stätte ausgeübt wird.

Daß alle näheren Angaben fehlen, ist um so mehr zu bedauern, als sich an viele der Prunkstücke große Erinnerungen knüpfen dürften, denn die Mehrzahl der Prachtgeräte ist aus altem Besitz der ostindischen Kompagnie in den der Krone übergegangen. Dies unterscheidet die indische Ausstellung im Gewerbe-Museum von der Sammlung des Prinzen von Wales, die nicht nur zahlreiche Arbeiten in europäischem Geschmack enthält, sondern sogar solche, die in Europa für den indischen Markt angefertigt wurden. Neben der Königin lieh der Herzog von Edinburgh einige interessante Stücke seiner Sammlung. Anderes stellten große Privatsammler wie der vormalige Vizekönig von Indien, Lord Lytton, ein Sohn Bulwers; dann Sir G. Birdwood, von dem auch eine Abhandlung über indisches Leben und indische Kunst, eigens für die Gelegenheit geschrieben, der Ausstellung beigegeben ist. Das sehr instruktive Material an Abbildungen, die Vorbilder aus der Textilindustrie und einzelne Teppiche lieferte das South-Kensington-Museum, das überdies mit seinem Material überall da einsprang, wo die Privatsammlungen eine Lücke ließen.

Die große Opferwilligkeit, mit der die Königin und die übrigen Aussteller so seltene Schätze den Fährlichkeiten einer weiten Reise aussetzten, findet ihr Seitenstück nur in der Umsicht und Liberalität, mit der die Verwaltung des South-Kensington-Museums die Ausstellung arrangierte. Von deutscher Seite brauchte nur der Raum geliefert zu werden. Der komplizierte Apparat an zerlegbaren Schränken und Gestellen kam mit den Sammlungsgegenständen aus England. Wo es irgend tunlich, wie bei den Waffen, hatte man vor der Verpackung schon die Aufstellung besorgt, und in den Waggons, die für jene erfolgreichen Wanderausstellungen gebaut sind, die das South-Kensington-Museum in den Provinzialstädten Großbritanniens veranstaltet, kam die ganze Ausstellung hier an, ohne daß von den Eisenbahnbeamten eine Kiste berührt worden wäre. Einer der Direktorialbeamten der indischen Abteilung, Mr. Wallis, durch längeren Aufenthalt mit unseren Verhältnissen vertraut, ordnete sie in kürzester Zeit; und zu ihrem Schutze blieb während der ganzen Dauer nur ein Inspektor der Metropolitan Police, Mr. Winkler, ein Deutscher von Geburt, in Berlin zurück.

Die Sammlung füllt den großartigen Lichthof des neuen Prachtbaues, der von vornherein für Leihausstellungen reserviert geblieben ist. Große elfenbeinerne Prachtsänften mit zierlichen silbergestickten Kuppeln, in mehreren Stockwerken aufgebaute siamesische Ehrenschirme, zierliche Wagen und Kanonen bieten dem Auge zwischen den langen Reihen der Schränke feste Ruhepunkte und verleihen dem Gesamteindrucke der Ausstellung etwas imposant Geschlossenes. Die Prunkwaffen, die Arbeiten in edlen Metallen und Gesteinen nehmen fast die eine Hälfte des Raumes ein; Elfenbeinarbeiten, Holzschnitzereien, Lacke, Gewebe füllen die andere Hälfte. Für die großen Teppiche boten nur die Riesenwände der beiden Treppenhäuser den genügenden Raum.

Den Ausgangspunkt für unsere Betrachtung soll nicht eins der großen Prachtstücke bilden, sondern das weniger in die Augen fallende Modell eines indischen Hauses aus Surat an der Westküste. Der Anblick berührt nicht so fremdartig, wie man wohl glauben sollte, denn das schräge Ziegeldach, die säulengetragene Vorhalle und die Anordnung der Räume – einstöckiges Vorder- und Hinterhaus durch einen Lichthof getrennt – würden auch unsern Bedürfnissen nicht widersprechen. Aber die bunte Bemalung der Mauerflächen, die Elefantenkämpfe in den Giebeln führen uns in ein Land mit hellerer Sonne, und die verschwenderisch über das ganze Balkenwerk der Fassade ausgesponnene zierliche Schnitzerei weist auf fremde Arbeitsverhältnisse. Es dauert eine Zeit, ehe sich das Auge in der scheinbaren Überfülle von Schmuck zurecht findet und im Stande ist, Einzelheiten zu erfassen. Mit Staunen erkennen wir in den Säulen der Vorhalle einen Typus, der mit seinen beiderseits weit ausladenden Deckplatten in eine Zeit zurückführt, welche die griechischen Ordnungen noch nicht kannte. Es ist dieselbe Säule, die wir aus den Ruinen des alten Perserreichs kennengelernt haben.

Aber an dem indischen Hause herrscht noch der reine Holzstil und gibt uns um so mehr zu lernen, als wir die ornamentalen Einzelheiten nicht ohne Weiteres verwenden können. Es ist ein wahres Labsal für das Auge, in dem üppigen Wachsen und Blühen des Schnitzwerks die Unterordnung in bezug auf Konstruktion und Material zu empfinden. Keins der Bauglieder wird verhüllt und entstellt, und jede Bewegung des Ornaments berücksichtigt die Holzfaser. Hierin ist der Bau, an den gute Photographien die Erinnerung festhalten sollten, für unser Schaffen unmittelbar vorbildlich, und es ist auffallend, wie nahe sich Einzelnes mit den konstruktiv gesunden Arbeiten gotischen Stils berühren. So die Türen und die Fensterläden, deren ganzer Schmuck in der reich und kräftig durchgebildeten Abfassung des Rahmenwerks besteht.

Die offenen Läden des Hauses gestatten einen Blick in das Innere der Gemächer, die außer der bunten Bemalung von Wand und Decke keine weitere Ausstattung als Matten und Ruhelager enthalten, denn das indische Haus ist noch ärmer an Mobiliar als das klassische. Kennt es doch den Stuhl nicht einmal für Repräsentationszwecke, da man in dem heißen Klima die kühlen Luftzüge am Boden ausnutzen muß, denen wir uns durch die Erhöhung des Sitzes und Lagers entziehen. Auf den ausgestellten Photographien indischer Fürsten sitzen einige auf Stühlen, aber man sieht ihnen das Unbequeme der Lage nur zu deutlich an. Mit dem erhöhten Sitze fällt auch das ganze System der hohen Tische und ihrer zahllosen Abarten, die bei uns das verfeinerte Bedürfnis geschaffen, – allerdings auch bei uns erst spät, eigentlich erst im Rokoko, denn das Zimmer des siebzehnten Jahrhunderts ist noch wesentlich einfacher. Ebensowenig konnten sich in Indien die (übrigens auch bei uns noch sehr jungen) Aufbewahrungsmöbel mit Schubkasten entwickeln, da für die einfache Garderobe der Bewohner die uralte Lade vollkommen ausreicht. Somit bleibt für die Ausstattung des indischen Zimmers nichts anderes übrig als Teppich oder Matte, Kissen und der Apparat von Gefäßen, Servierbrettern und kleinen, niedrigen Tischen. Wir dürfen uns darum nicht wundern, daß auf der indischen Ausstellung die Möbel fehlen, die für uns vom allergrößten Interesse hätten sein müssen.

Zum Glück bleibt in den Schränken mit kleineren Holzgeräten zu lernen genug. Mustergültig sind vor allem die einfachen Kasten aus schweren Hölzern, an denen keine Säulen und Gesimse, Nischen und Balustraden der Brauchbarkeit Eintrag tun. Sie sind aus schlichten Brettern zusammengefügt, und das flachvertiefte Ornament, das alle Seiten gleichmäßig überzieht, dient zugleich dem praktischen Zweck, der anfassenden Hand einen Halt zu gewähren, ohne sie dabei nach der Art unserer architektonischen Ornamentation zu gefährden. Einlagen von Elfenbein oder Metalldrähten werden auf den niedrigen Tischen und andern Geräten angebracht, die ihrer Bestimmung gemäß besser glatt bleiben.

Die eigentlichen Elfenbeinarbeiten haben uns enttäuscht. Sie sind entweder modern nach europäischem Geschmack oder gleichgültig. Nur einen Kasten mit schönem Ornament möchten wir ausnehmen und einen alten polychrom behandelten Kamm. Wie sehr das kalte Material durch künstliche Färbung gewinnt, lehren in den Sammlungen des Gewerbemuseums die wundervollen grünen Schachfiguren des pommerschen Kunstschrankes und die zierlichen chinesischen Schnitzereien, die es den Bemühungen des Oberst v. Brandt verdankt. Imponierend kommt jedoch das Elfenbein an den Sänften und Elefantensatteln zur Geltung, in deren Aufbau es das Holz ersetzt. Doch ist es hier nicht ohne Zutat verwendet. Bei zweien überzieht die ganzen Flächen ein zartes vergoldetes Ornament; bei der Staatssänfte, die den Mittelpunkt der Ausstellung einnimmt, wirken die starke Vergoldung und die leuchtenden Farben – blau, rot, grün – gegen den Ton des Elfenbeins. Aber gerade hier wird es evident, wie notwendig dem Elfenbein die Farbe ist.

Dem Elfenbein in der Behandlung ähnlich, nur weit origineller und geistreicher, sind die Schnitzereien in schwarzem Marmor und Seifenstein aus Agra. Auch hier hilft die Vergoldung zu herrlichen Effekten. An den Wunderbau des Taj Mahal in Agra, dessen weiße Marmorflächen nach der Art des Florentiner Mosaik mit bunten Edelsteinen ausgelegt sind, knüpfte vor dreißig Jahren ein englischer Beamter die Erneuerung der Technik, die er auf das Kleingewerbe ausübte. Was an Kästchen, Schalen, Dosen und dergleichen Dingen ausgestellt, ist im Ganzen wenig erfreulich. Das starke Weiß des Grundes läßt die Farben der viel zu magern Einlagen zu keiner harmonischen Wirkung kommen.

Die Kunst im preußischen Etat

Für den Augenblick gibt es kein Land auf dem Erdballe, das für die Pflege namentlich der modernen Kunst so ungeheure Opfer brächte wie Deutschland. Ohne Umschweif ausgesprochen, wird dies nicht allein im Auslande frappieren. Auch innerhalb unserer Grenzen dürfte es wenige geben, die bei der Frage nach dem Reiche, das die Kunst am eifrigsten unterstützt, nicht zuerst an Frankreich dächten. Und doch kommt alles, was dort geschieht, nicht auf gegen unsere Leistungen. Nur daß es über die verschiedenen Künste anders verteilt und in der straffen Konzentration auf Paris mehr in die Augen fällt. Frankreich hat eigentlich nur eine Akademie der bildenden Künste, die in Paris; was in den Provinzen an ähnlichen Anstalten existiert, ist ohne Bedeutung; zu dem Pariser Konservatorium für Musik verhalten sich die gleichnamigen Institute in den Provinzen wie Vorschulen. Unsere polytechnischen Hochschulen, die doch auch zur Hälfte in das Gebiet der Kunst fallen, finden in Frankreich keine Seitenstücke.

Bei uns hingegen gibt es in Preußen allein vier vollkommen eingerichtete Akademien, in Berlin, Düsseldorf, Kassel und Königsberg. Daneben existieren eine größere Reihe von Kunstschulen, von denen einige, wie die in Hanau, in ihrer Dotierung den kleinen Akademien kaum nachstehen. Für das ganze Reich kommen die Akademien in Dresden, Leipzig, München, Weimar, Karlsruhe usw. hinzu nebst einer großen Zahl von Kunstschulen aller Grade. Wenn Akademien eine Kunstblüte hervorzurufen im Stande wären, dann könnte es nirgends besser stehen als bei uns. Auf die polytechnischen Hochschulen und Konservatorien will ich nur hindeuten. Der Kunstbesitz Deutschlands in den Museen seiner kleinen und großen Residenzen ist enorm. Auf einen Punkt zusammengezogen würde er eine Sammlung geben, die nirgends ihresgleichen hätte – glücklich für uns, daß es nicht geschehen kann! Und diese Museen sind mit wenigen Ausnahmen noch immer imstande, neue Erwerbungen zu machen, wenn sie auch bei ihren verhältnismäßig beschränkten Mitteln meist nicht sehr konkurrenzfähig sind.

Nur ein Museum bildet hier eine Ausnahme, das Berliner. Was es in den letzten Jahren durch die einhellige Fürsorge des Herrscherhauses, der Regierung und der Volksvertretung zustande gebracht, hat die Augen von ganz Europa auf seine Schritte gelenkt. Man hatte nicht erwartet, daß der Militärstaat Preußen zu so außergewöhnlichen Opfern für ideale Zwecke aufgelegt sei, und man erkannte nicht ohne Bewunderung selbst in Frankreich, daß Preußen seine Führerrolle im jungen Reich mit dem Bewußtsein der umfassendsten Verpflichtungen antrat.

Wenn man dennoch aus dem Erstaunen nicht herauskam, so rührte dies nicht zum wenigsten von der Unbekanntschaft mit den preußischen Traditionen her. Zwar hat das preußische Königshaus niemals wie wohl andere Dynastien über dem Erwerb von Kunstschätzen und Kostbarkeiten nähere Pflichten vergessen, aber es hat dafür selbst persönliche Opfer nicht gescheut, wenn einmal eine Gelegenheit sich bot, Erwerbungen für das Land zu machen. Was Friedrich Wilhelm IV. getan, ist zu bekannt, um einer Erwähnung zu bedürfen. Fast vergessen ist dagegen der Opfermut Friedrich Wilhelms III., der unter Schenkung von 600 000 Mark aus seinem Privatvermögen – was bedeutete das für 1821! – die Sammlung Solly erwarb, die rund anderthalb Millionen gekostet, dafür aber auch die Grundlage der Berliner Museen abgegeben hat. Die ganze Umgebung des Königs, seine sämtlichen Räte bis auf Hardenberg, wandten sich gegen den Ankauf, aber in der Erkenntnis der Notwendigkeit künstlerischen Besitzes ging der König seinen eigenen Weg. Friedrich der Große hat eine Sammlung französischer Meister des vergangenen Jahrhunderts hinterlassen, deren lange verkannten Wert erst die jüngste Zeit begriffen hat. Was würde dieser kunstsinnige Fürst bei günstigerem Geschick vollbracht haben. Von dem Verständnis des ersten Königs geben das Schloß und das Zeughaus Beweise. Und dies alles geschah auf einem der äußersten Vorposten westeuropäischer Bildung, wo schon die rein mechanischen Schwierigkeiten des Erwerbes schwer ins Gewicht fallen. Wenn in ihrer jetzigen Stellung zum Reich die Regierung sich zu großen Opfern bereit zeigt, wo es gilt, die Sammlungen der neuen Reichshauptstadt auf eine ihrem Range entsprechende Höhe zu heben, so nimmt sie damit nur die alten preußischen Traditionen wieder auf.

Der Etat des kommenden Jahres setzt für neue Erwerbungen die erhebliche Summe von zwei Millionen an, die als außergewöhnlicher Zuschuß bewilligt werden sollen. Die Ungewöhnlichkeit der Forderung und der hohe Betrag haben nicht wenig Aufsehen erregt, und noch ist nicht ausgemacht, ob der Landtag mit den Vorschlägen der Regierung sich einverstanden erklären wird, denn es gibt im Lande Bedürfnisse, denen man Dringlichkeit nicht absprechen kann. Aber wie einmal die Sachen auf dem Kunstmarkte liegen, ist keine Zeit zu verlieren, wenn für Berlin überhaupt noch Werke ersten Ranges, und auf die allein kommt es an, erworben werden sollen. Das allermeiste an exzeptionellen Schöpfungen befindet sich bereits in den festen Händen von öffentlichen Museen oder ist als Fideicommiß festgelegt. Was auf den Markt kommt, findet an Museen und reichen Privatleuten so unzählige Bieter, daß die Preise ins Unerhörte gestiegen sind. Wenn nicht günstige Gelegenheiten einen Vorkauf möglich machen, wie bei der Sammlung Hamilton oder bei den neuesten Erwerbungen der Gemäldegalerie, dann muß in der Regel von vornherein verzichtet werden. Mit den unermeßlichen Mitteln der reichen französischen, englischen und neuerdings amerikanischen Geldfürsten zu konkurrieren, reichen die Mittel, die ein Abgeordnetenhaus für außergewöhnliche Zwecke bewilligen kann, bei weitem nicht hin. Hier gibt es überhaupt nur eine Aussicht, jetzt noch in den Besitz von Meisterwerken ersten Ranges zu gelangen, wie sie die Berliner

Sammlungen im Verhältnis zu anderen noch zu wenig besitzen, und das ist die stete Bereitschaft, eine günstige Konjunktur auszunutzen, und die auf intimer Kenntnis basierende Voraussicht aller Möglichkeiten.

Lange wird es überhaupt nicht mehr dauern, bis der Kunstmarkt überhaupt keine ausnahmsweisen Werke mehr zu sehen bekommt. Schon jetzt läßt sich nachweisen, daß ganze Kategorien einfach verschwunden sind. Dabei erweitert sich der Kreis der Käufer von Jahr zu Jahr. Amerika, für dessen Bedarf seit zwei Dezennien unzählige Fabriken in Europa falsche alte Kunstwerke produzierten, hat sich an den Imitationen sattgesehen und den Wert der Originale begriffen. Zwar tut hier der Staat für Kunstinteressen so gut wie nichts. Aber die unermeßlichen Reichtümer seiner Bürger kennen so wenig Grenzen wie ihre Opferwilligkeit. Auf die Periode der Gründung ganzer Universitäten durch einen einzigen Erblasser ist bereits eine Zeit gefolgt, die auf die Errichtung von Museen bedacht ist. Es gibt deren schon in den meisten größeren Städten, und alljährlich werden neue gegründet; ein New Yorker Kaufmann hat die Galerie eines englischen Großen um den Preis von acht Millionen erworben. Eine andere Stadt besitzt ein Legat, das ihr für den Ankauf von Kunstwerken jährlich nahezu eine Million Dollar abwirft.

In Deutschland sind Privatsammlungen sehr dünn gesät. Die wenigen, die wir besitzen, halten mit denen Englands und Frankreichs keinen Vergleich aus. Sehr selten kommt es vor, daß bei uns eine Schenkung, ein Vermächtnis von Kunstwerken die Museen bereichert, und noch seltener gerät auf diesem Wege ein ausnahmsweise wertvolles Stück in den öffentlichen Besitz. Auch das ist bei unsern Nachbarn anders. Was der Louvre in den letzten Jahren geschenkt bekommen, würde für sich zur Ausstattung eines ganzen Museums genügen. Und nun erst die englischen Schenkungen an die Museen Londons! Bei uns muß der Staat eintreten, wenn die letzte Frist nicht verpaßt werden soll.

Es gilt, einen Entschluß zu fassen, oder wir haben es für alle Zukunft zu bereuen. Was bedeutet die Hauptstadt eines mächtigen Reiches ohne den Schmuck des Edelsten, was die Kunst geschaffen? Eine Königin im Bettlergewande. Würdige Repräsentation ist vom Kunstbesitz unzertrennlich. Vermag doch er allein Städten, die keine große Bedeutung haben, Weltruhm zu verschaffen oder ihren alten Glanz zu erhalten, wenn ihre Einwirkung auf das Getriebe der Welt aufgehört. Beispiele wie Dresden, München, und auf der anderen Seite Venedig, Pisa liegen nicht weit. Von welchem direkten Einfluß der Besitz an alten Kunstwerken auf die moderne Produktion sein kann, beweist München. Ich will diesen Wert nicht mit in die Wagschale werfen, denn ich weiß wohl, daß seine unmittelbaren Resultate anfechtbar sind. Aber nicht hoch genug kann der ethische Einfluß alter Kunstwerke von hervorragendem Range angeschlagen werden.

Dies bringt uns auf die Leistungen des Etats für die moderne Kunst zurück. Hier wird diesmal vom Landtag keine ausnahmsweise hohe Extrabewilligung gefordert. Die 300 000 Mark für die Erwerbung der Baulichkeiten der Hygieneausstellung, um für den Berliner Salon ein Gebäude zu erlangen, bilden den größten und fast den einzigen Posten. Desto mächtiger sind die regelmäßigen Zuschüsse zu den Akademien angeschwollen. Sie belaufen sich zusammen auf rund sechsmalhunderttausend Mark, fast viermalhunderttausend für die Berliner allein, von der allerdings noch die Hochschule für Musik abhängt. Dabei sind die Zuschüsse für die Kunstschulen und Gewerbeschulen, die sehr bedeutende Beträge erreichen, noch gar nicht gerechnet. Es kommt hinzu das Budget der Nationalgalerie mit über achtzigtausend Mark und dem Fonds für die Erwerbung neuer Kunstwerke, für die Ausführung von Wandmalereien, von Kupferstichen usw. Zusammengenommen ist dies beträchtlich mehr als der regelmäßige Aufwand von siebenmalhunderttausend Mark für die etwa ein Dutzend Anstalten, die unter dem Namen der königlichen

Museen zusammengefaßt werden, und kommt im Ganzen den regelmäßigen Leistungen Frankreichs für moderne Kunst ziemlich gleich.

Und doch ist das Resultat so durchaus verschieden! Die französische Kunst hat den Weltmarkt, der der unsern nur wenig zu Gute kommt. Die französische Kunst erzielt aus den Einnahmen des Pariser Salons einen jährlichen Überschuß von 300000 Franken. Und dabei kostet ihre Pariser Akademie mit allen Zweiginstituten kaum 200000 Franken, also etwa ein Drittel dessen, was der preußische Staat jährlich für seine vier (mit Hanau fünf) Akademien ausgibt. Sollte hier nicht bei uns der Schwerpunkt verrückt sein? In Frankreich werden für die 300000 Franken Überschüsse des Salons moderne Bilder und Statuen für den Staat gekauft, außerdem existieren noch Fonds von mehr als 500000 Franken für den Ankauf neuer Kunstwerke, die sämtlich in den Besitz des Staates übergehen. Nur ein verschwindender Bruchteil kommt in die Galerie des Luxembourg, alles übrige wandert in die Provinzen, kann aber jeden Augenblick nach Paris zurückgezogen werden. Sollte nicht das System der Franzosen den Vorzug verdienen, das nicht darauf ausgeht, eine ungemessene Anzahl produzierender Künstler zu erziehen, die einander Licht und Luft nehmen?

Museen als Bildungsstätten
Einleitung
zum Mannheimer
Museumstag

Das neunzehnte Jahrhundert hat den Universitäten, die auf das Mittelalter zurückgehen, und den Akademien, die im Zeitalter des Absolutismus entstanden sind, als neue Bildungsstätten höherer Ordnung die Museen hinzugefügt. Universität und Akademie stehen als festgefügte Gebäude da, die nur um- und ausgebaut werden. Beim Museum ist der Bildungsprozeß noch nicht abgeschlossen.

Alle drei tragen sie die Züge und das Gewand des Zeitalters, das sie geschaffen hat. Die Hochschulen, die alle Wissenschaften zu einem Körper zusammenschließen – ein Glück, daß es im Mittelalter durchgeführt worden, wo es noch möglich war, heute wäre ein solches Unternehmen kaum vorstellbar – entsprechen den universalistischen Gedanken und Empfindungen der Geschlechter, die im Universalismus des Papsttums und des Kaisertums ihr Ideal sahen. Die Akademien sind in ihrer Idee der Vereinigung aller Besten in Kunst und Wissenschaft ein durchaus aristokratisches Gebilde. Die Museen, die dem ganzen Volke offenstehen, die allen zu Dienste sind und keinen Unterschied kennen, sind ein Ausdruck demokratischen Geistes.

Man pflegt den Ursprung der Museen in den Kirchen, Rat- und Gildehäusern des Mittelalters zu suchen, und der Irrtum liegt nahe. Denn wo Kirchen und Rathäuser ihren Inhalt auf unsere Tage gebracht haben, werden sie als Museen betrachtet und benützt. Aber ihre Kunstschätze sind – und dies entscheidet – nicht durch Sammeltätigkeit aufgehäuft. Jedes Werk wurde für die Stelle, an der es aufgestellt wurde, geschaffen und diente dort einem Kult oder einem politischen Zweck.

Sammlungen als solche entstanden erst im Fürstenschloß der Renaissance und namentlich des Absolutismus.

Im siebzehnten und achtzehnten Jahrhundert bildeten sie mit dem Theater, der Oper, dem Konzertsaal, den Einrichtungen für Spiel und Sport, den botanischen und zoologischen Gärten Bestandteile einer umfassenden Einheit im Palast des unumschränkten Fürsten.

Als die politische und kulturelle Macht, die der Fürst in seiner Person vereinigte, vom modernen Verfassungsstaat aufgeteilt wurde, löste sich der Palast, dessen Mikrokosmos das Symbol der Fürstenmacht gebildet hatte, in seine Bestandteile auf. Die Kraft, die sie zusammengehalten hatte, war erloschen.

Aus den Gemäldegalerien, Kunst- und Schatzkammern, historischen und ethnographischen Sammlungen und Naturalienkabinetten – eigentlich gehören auch die botanischen und zoologischen Gärten zur Gruppe der Museen – wurden die modernen Museen oder ihre Grundlagen im Besitz des Staates gewonnen, und nach ihrem Vorbild wurden neue angelegt. Nur in England hat die Krone bis auf diesen Tag ihre Schätze in alter Form bewahrt.

Als Einzelanstalten im Dienste der neuen Gesellschaft haben die Sammlungen Raum und Mittel zur selbständigen Entwicklung gefunden und sind unbekümmert um einander ihren Weg gegangen. Für einen neuen Zusammenschluß, der in der Linie der Entwicklung liegt, hat sich die Form nur in der mehr oder weniger einheitlich durchgeführten Unterstellung unter eine gemeinsame Behörde gefunden. So viel mir bekannt, sind in Mannheim, und zwar durch eine äußere Anregung bewogen, zum erstenmal die Vertreter der verschiedenartigen Museen zu einer Beratung zusammengetreten. Die Beamten deutscher Galerien, historischer, ethnographischer und naturhistorischer Sammlungen haben bisher noch nicht versucht, eine Vereinigung zu gründen, in der sie sich als eine Einheit mit gemeinsamen Aufgaben und Zielen empfinden könnten. Sie haben auch noch keine Zeitschrift geschaffen, die sich mit den allgemeinen Museumsfragen befaßt. Wer etwa geneigt wäre, den heutigen Zustand unserer Museen als einen Abschluß anzusehen, wird aus dieser Tatsache allein erkennen, daß er sich geirrt hat.

Alles ist noch im Fluß, alles ist noch unausgeglichen, die Entwicklungszustände der einzelnen Museumsgattungen sind um Abstände von Menschenaltern getrennt. Wo, wie bei den naturwissenschaftlichen Museen, eine vielhundertjährige, in sich gefestigte Wissenschaft vom ersten Tage die Führung übernehmen konnte, hat die Entwicklung mit Riesenschritten sich einem gewissen Abschlusse genähert; wo die führende Wissenschaft als solche sich erst im neunzehnten Jahrhundert und zum Teile an den Museen selbst entwickeln sollte, wie auf dem Gebiete der Kunst und der Kulturgeschichte, herrscht noch das Chaos.

Es steht auch nicht zu hoffen, daß diese Ungleichheit der Entwicklungsstufen so bald überwunden werde, denn die Kunstmuseen und die historischen Museen sind noch jung, die meisten reichen nicht viel über ein Menschenalter zurück, wenige bis in das erste Drittel des neunzehnten Jahrhunderts.

Da die meisten Museen im Entwicklungsprozeß begriffen sind und da die Erörterungen über die Aufgaben, die allen gemeinsam obliegen, in Deutschland noch nicht stattgefunden haben, ist es verständlich, daß die Ansichten über den Wirkungskreis der Museen bei uns noch keineswegs geklärt sind. Es stehen sich die Ansichten selbst der Fachleute oft genug schroff gegenüber.

Auch die im ganzen gleichgültige, wo nicht ablehnende Haltung, mit der das deutsche Volk seine Museen betrachtet oder nicht beachtet, beeinflußt heute noch die Auffassung der Museumsleiter.

Im Fürstenpalast waren die Sammlungen erwachsen aus den Interessen des Herrschers und seines Hofes. Wäre dies Interesse nicht vorhergegangen und an ihrer Ausbildung gewachsen, die Sammlungen wären überhaupt nicht zustande gekommen. Mögen auch Ehrgeiz oder Eitelkeit mit hineingespielt haben, die eigentlichen Triebfedern lagen doch in dem künstlerischen und wissenschaftlichen Bedürfnis der aristokratischen Gesellschaft. Unser Volk besitzt jedoch seine Museen heute noch nicht in derselben Form und aus demselben Recht. Es gibt in Deutschland noch große Städte und Staaten, die ihre wertvollen Galerien aus dem absolutistischen Zeitalter genau auf dem Standpunkt verharren lassen, wo der Fürst ihre Vermehrung aufgeben mußte, also um mehr als ein Jahrhundert hinter der eigenen Zeit. Da Mangel an Mitteln nicht vorgeschützt werden kann, bleibt zur Erklärung nur Mangel an Teilnahme. Es wurde kein Bedürfnis empfunden, mit der Kunst der eigenen Zeit zu leben, und wo dies nicht der Fall war, konnte auch keine Rede von einem innerlichen Verhältnis zum alten Kunstbesitze sein. In der Tat ist nur in Berlin die Galerie nach umfassendem Plan aus- und weitergebildet worden. In Dresden und München, die freilich von Haus aus unvergleichlich reicher waren, hat es sich nur um die Füllung einzelner Lücken gehandelt.

Hätte das deutsche Volk ein Bedürfnis nach Kunstbesitz gehabt, wie die Fürsten der absolutistischen Zeit, es stände um den Inhalt und die Einrichtungen seiner Museen anders als heute. Sie mußten dem Staate und den Stadtgemeinden in den meisten Fällen geradezu aufgedrängt werden. Die Zahl der Zureisenden einer Woche übersteigt in den Großstädten die der Galeriebesucher eines Jahres.

Dieser Gleichgültigkeit und Anspruchslosigkeit der Besucher gegenüber ist es erklärlich, daß die Leiter der Sammlungen nur über *einen* Punkt der Museumsverwaltung einig sein konnten, den der sachgemäßen Vermehrung der Sammlungen. Schon bei der Ausstellung der Schätze gehen die Meinungen weit auseinander; was die Nutzbarmachung anlangt, genügt der einen Partei die bloße Aufstellung, während die andere eine Lehr- und Anregungstätigkeit der Beamten verlangt.

Es wird auch so leicht keine Einigkeit zu erzielen sein, selbst wenn eine ernsthafte Erörterung unter Fachleuten jetzt schon einsetzen sollte. Uns fehlen, von den naturwissenschaftlichen Museen abgesehen, noch alle sachlichen Grundlagen dafür. Museum ist nicht Museum, und darin unterscheidet sich der Begriff des Museums von dem der Akademie oder der Universität. Bisher hat es eigentlich nur den einen Typus des in den Großstädten entwickelten Museums gegeben. Lange Zeit haben die kleineren Anstalten es mit geringeren Mitteln versucht, das Vorbild der großstädtischen Museen zu kopieren. Erst in den letzten Jahren ist man zum Bewußtsein gekommen, daß den kleinen Museen wesentlich andere Aufgaben winken als den großen, so daß jedes Museum zunächst seinen eigenen Wirkungskreis suchen muß. Hier ist alles im Werden. Die nächste Generation wird vielleicht zur Bildung einer Anzahl von Typen gekommen sein; es scheint wenigstens, als ob wir auf dem Wege dazu wären. Innerhalb seines Typus wird aber das einzelne Museum stets seine Bewegungsfreiheit bewahren müssen, wie es die örtlichen Bedingungen fordern.

So lange die Museen nicht versteinern, werden sie sich wandeln müssen. Jede Generation wird ihnen neue Aufgaben bieten und neue Leistungen abverlangen.

Die Wünsche der unseren haben sich seit einigen Jahren kräftiger geltend gemacht. Es ist vor allem die der erweiterten Nutzbarmachung und des erweiterten, möglichst unmittelbaren Einflusses auf die Erziehung breiterer Schichten. Zum Teil sind die Anregungen von den Museumsverwaltungen ausgegangen, zum Teil kommen sie im Anschluß daran von außen.

Hamburger Kunsthalle

Max Liebermann, Netzflickerinnen, 1888;
angekauft 1889 von Alfred Lichtwark
für die Hamburger Kunsthalle

Theorie und Historie

Vom Standpunkt unserer Nachbarn betrachtet, sind wir das Volk der Historiker und Theoretiker mit mangelhaft entwickelten Sinnen.

An der Spitze ihrer Kritik steht der Hinweis auf die Bedürfnislosigkeit unserer Zunge, die gegen die Güte der Nahrungsstoffe und gegen ihre Zubereitung gleichgültig ist, auf die mangelhafte Kultur unseres Auges, das keine hohen Anforderungen an Farbe und Form stellt, und auf die einseitige Kultur des Ohres, das eine mehr instrumentale Behandlung und Verwendung der menschlichen Stimme zuläßt.

Zur Begründung dieses Urteiles wird auf die Tatsachen hingewiesen, daß wir keine nationale Küche der französischen gegenüber zu stellen haben, daß wir in der Mode den englischen und französischen Weisungen folgen, daß unsere Malerei, Architektur und dekorative Kunst unsern Nachbarn kein Vorbild bietet, und daß in unserer Musik das instrumentale Wesen überwiegt.

Es wird schwer halten, den Kern von Wahrheit in diesen Urteilen zu übersehen.

Auch auf dem Gebiet der dekorativen Künste läßt sich überall die mangelhafte Beteiligung der Sinnesorgane, also des Auges, durchfühlen.

Wie selten ist die Empfindung für Farbe ausgebildet! Man findet sie eigentlich nur bei Künstlern, die sie im Studium der Natur in sich entwickelt haben, und bei Frauen, die sie der Aufmerksamkeit für ihre Toilette danken. Hier kommt die merkwürdige Einseitigkeit zum Vorschein, daß Künstler oft die zarteste Farbenempfindung für die Werke ihrer Kunst besitzen, aber gegen die Farbe in ihrer Umgebung stumpf sind, und daß Frauen, die das äußerste

Feingefühl für die koloristische Wirkung ihrer Toilette verraten, sich in einer Einrichtung wohlfühlen können, die ganz un- oder antikoloristisch beschaffen ist. Architekten haben ganz erschreckend selten einen Begriff von Farbe. In der dekorativen Kunst liegt dies Element noch mehr danieder. Für das Publikum im allgemeinen, namentlich für das Männergeschlecht, ist Farbe gar nicht auf der Welt.

Wie wenig auch das Gefühl für Formen und Verhältnisse entwickelt ist, zeigt sich an allen Ecken und Enden, wo gebaut und eingerichtet wird.

Ein Haupthindernis der einzig möglichen Schwenkung, des bewußten und energischen Anschlusses an die lebendige Kunst und dadurch an die Natur, bildet das theoretische und historische Element unserer künstlerischen Erziehung, soweit von einer solchen die Rede sein kann. Wir genießen Kunst weit mehr mit dem Verstand als mit den Sinnen. Unser Schönheitsgefühl ist durch historische Begriffe eingeengt. Wir haben es sogar so weit gebracht, es historisch zu spezialisieren. Der eine glaubt nur antike Schönheit empfinden zu können, andere sind blind gegen alles, was nicht Gotik ist, wieder anderen gilt nur die Renaissance in irgendeiner ihrer Erscheinungsformen.

In bezug auf das durch historische Voreingenommenheit vielfach beschränkte Verhältnis zur dekorativen Kunst ist der Zustand unserer Gewerbemuseen überaus lehrreich, und die Ideen, die ihre Zusammenstellung geleitet haben, galten auch im ganzen Unterrichtswesen.

Als die deutschen Gewerbemuseen begründet wurden, um 1870 herum, einige etwas früher, andere etwas später, galten nur Gotik und Renaissance. Die Konkurrenz um die seltenen Überreste war groß, man zahlte hohe Preise, schätzte dann die Erwerbungen um so höher, und das Gewerbe, vom Architekten geführt, begab sich auf das bis dahin verachtete Gebiet wie in ein neuerobertes Reich.

Unterdes wanderten die noch vorhandenen Rokokomobilien hohen Ranges, und es gab davon sehr viel in Deutschland, aus alten Schlössern und Patrizierhäusern in niedrige Sphären verstoßen, nach England, Frankreich und Rußland. Als zu Anfang der achtziger Jahre der Versuch gemacht wurde, den überreichen Renaissanceabteilungen das Barock und Rokoko hinzuzufügen, war es zu spät. Man konnte in Deutschland das Beste nicht mehr erlangen, und auf dem Pariser und Londoner Markt mit zu konkurrieren, fehlten die Mittel.

Louis XVI., Empire und sein merkwürdiger Ausklang im sogenannten Biedermeierstil wären noch zu haben gewesen, wurden aber verschmäht und wanderten aus.

Seit einigen Jahren versuchen die deutschen Museen nun auch diese Lücke zu füllen, aber auch hier geht es ihnen wie dem Reiher in der Fabel. Auf zehn Säle Gotik und Renaissance pflegt ein einziges kleines Zimmer mit Rokoko, Louis XVI. und Empire zu kommen.

So bieten denn diese Anstalten ein ganz verkehrtes Bild der Entwicklung. Die stammelnden Versuche der Möbelbildung des fünfzehnten und sechzehnten Jahrhunderts stehen in Massen als Vorbilder da. Das siebzehnte, das das moderne Möbel zuerst ahnte, ist kaum vertreten; das achtzehnte, das zum erstenmal für alle Bedürfnisse eines verfeinerten aristokratischen Lebens den Ausdruck suchte und mit dem Aufwand der höchst entwickelten Technik und des feinsten künstlerischen Gefühles erreichte, kann nur andeutungsweise erkannt werden, und die ersten drei Jahrzehnte unseres Jahrhunderts, die eigentliche Keimperiode des modernen bürgerlichen Möbels, fehlen ganz. Fast einzig das Hamburger Museum für Kunst und Gewerbe macht hier, wie in vielen anderen Dingen, eine Ausnahme.

Und einerlei, ob es sich darum handelt, Vorbilder für eine möglichst unveränderte Kopie zu suchen oder um jene feinere und seltenere Benutzung der Alten, die den Geist zu verstehen trachtet und die gewonnene Einsicht beim Schaffen aus unserm Bedürfnis benutzt, gerade die beiden letztgenannten Epochen der Geschichte des Möbels sind für uns von größter Wichtigkeit. Denn wer die Entwicklung des Mobiliars unbefangen verfolgt, der wird mit wachsendem Respekt das Rokoko, das Empire und seinen Nachfolger, den vorläufig als komisch empfundenen und bezeichneten sogenannten Biedermeierstil betrachten.

Unsere Nachbarn, die sich durch die Historie nicht so lange aufhalten ließen, haben die Schönheit dieser Epochen sehr viel schneller begriffen. Wenn man diese wichtigsten Zeiten der Möbelbildung studieren will, muß man zu ihnen gehen. Und wenn sie unsere Museen besuchen, geht ihr Urteil dahin, daß sie sich von der Macht der Theorie und der historischen Befangenheit, die unsere Entwicklung gehemmt haben, durch den Augenschein überzeugt hätten.

Wir haben daraus die Lehre zu ziehen, daß wir mit jedem Vorurteil zugunsten eines der historischen Stile zu brechen haben. Solange wir nur mit dem Griechen, dem Gotiker oder dem Renaissancemenschen fühlen können, sind wir meilenfern von der einzig fruchtbaren Erkenntnis, daß alles Vergangene gleich scharf von uns getrennt ist; daß wir, wenn wir wollen, von allem gleichmäßig entlehnen können, was uns paßt, und daß wir vor allem den Anschluß an die lebendige Kunst und den Ausdruck unseres eigenen Lebens zu suchen haben.

Zu all' den historischen und theoretischen Vorurteilen, die auf dem Gebiete der Architektur und der dekorativen Künste unsere Freiheit einengen, kommen noch gewisse befangene Anschauungen in bezug auf Technik, die namentlich in der Entwickelung der Möbelindustrie einen Hemmschuh gebildet haben.

Es ist vor allem ein falscher Begriff der *Solidität* und eine ängstliche Betonung der Konstruktion. Beides dürfte ein Vermächtnis der gotischen Schule sein, die von einem an sich ganz gesunden und seiner Zeit als Reaktion notwendigen Verlangen nach gediegenem Material und klarer Konstruktion ausgehend, schließlich, wie das so zu gehen pflegt, ein fruchtbares Prinzip durch Übertreibung zu einem starren, die Unbefangenheit vernichtenden Schema gemacht hat. Es wurde eine unkluge Anwendung moralischer Grundsätze auf Erzeugnisse der Kunst daraus.

Ein Tisch mit schwerer Eichenplatte, schrägen Beinen und Trittbrettern ist freilich insofern gediegener als ein furnierter Mahagonitisch mit Beinen, die untereinander nicht verbunden sind, als er beim Gebrauch ganz rücksichtslos behandelt werden darf. Der Sohn des Hauses kann sogar mit seinem ersten Messer seinen Namen in die Platte schneiden, ohne ernstlichen Schaden anzurichten. Aber die Theoretiker der Solidität vergessen dabei, daß wir in den letzten drei Jahrhunderten das Schonen gelernt haben. Ein Ritter des fünfzehnten Jahrhunderts würde allerdings nicht mit einer Mahagonieinrichtung umzugehen wissen.

Daraus schon ergibt sich, daß der Begriff der Solidität sehr relativ ist. Auch nach anderer Seite hin mußte man dieselbe Erfahrung machen. Solidität wurde mit Massigkeit und Schwere verwechselt. Es entstanden Möbel, die eigentlich zu Immobilien geworden waren, Schränke, die man nicht rücken und auch nicht – wie die großen Prunkstücke früherer Zeit – auseinandernehmen konnte, Stühle, die sich nur durch vereinte Kräfte der Familie bewegen ließen. Aber bei diesem ungeheuren Aufwand von Material hielten sie den Einflüssen der Wärme und Feuchtigkeitsschwankungen nicht besser, ja nicht so gut stand wie die verachteten furnierten Möbel.

Daß auf letztere der Begriff der Solidität überhaupt Anwendung finden konnte, erschien theoretisch ausgeschlossen, und wer die Bewegung der siebziger Jahre als junger Mensch mitgemacht hat, wird sich erinnern, daß es auch ihm gegen das Gefühl ging.

Späterhin lernten wir unbefangen die Entwickelung der Technik seit der gotischen Epoche beobachten und kamen auf historischem Wege zu ganz anderen Anschauungen.

Es wurde uns klar, daß auch technisch von der Zeit der Gotik bis gegen die dreißiger Jahre unseres Jahrhunderts eine stetige Entwickelung in der Behandlung des Holzes stattgefunden hatte.

Langsam sehen wir in der gotischen Zeit das Verständnis für die Eigenschaften des Holzes wachsen. Am deutlichsten bei der Behandlung der Türen. Im Mittelalter waren es Bretter, die man vor dem Verwerfen nur durch Überspinnen mit eisernen Bändern schützen konnte.

Schon in gotischer Epoche wurde dann das Rahmenwerk durchgebildet, in dessen Banden die Holzfasern gegeneinander anarbeitend die Wirkung ihrer Kräfte aufhoben. Die eisernen Beschläge aber wurden, obgleich sie überflüssig geworden, noch im sechzehnten Jahrhundert nicht aufgegeben und im siebzehnten von der Außenseite auf die innere übertragen; freilich im wesentlichen nur noch ein hübsches Ornament.

Im sechzehnten Jahrhundert begann man das Prinzip des Rahmens ornamental auszubilden. In den einfachen äußersten Rahmen wurde nicht eine einfache Füllung, sondern ein System von größeren und kleineren Rahmen mit ihren Füllungen gelegt, sich vielfach kreuzend und überschneidend, schließlich sogar im Sinne der Diagonale.

Das siebzehnte Jahrhundert, das zuerst in größeren Mengen die edlen auswärtigen Hölzer kennenlernte, die zunächst als kostbare Seltenheit ankamen und schon aus ökonomischen Gründen nicht als Rohmaterial behandelt werden konnten, bildete das System des Furnierens aus, das übrigens als Mosaik schon der Gotik bekannt und im Altertum gang und gäbe gewesen war.

Als nun durch die Arbeit mit den kostspieligeren fremden Hölzern eine subtilere Behandlung des Materials und ein tieferes Verständnis für seine Natur erreicht war, gelangte im achtzehnten Jahrhundert das den modernen Gotikern so verhaßte Prinzip des Verleimens zur höchsten Entwickelung.

Man schuf durch die kluge Behandlung aus dem Holz ein neues Material, beständig und richtungslos wie Metall: das sollten wir nicht vergessen, wenn wir vom sogenannten konstruktiven Standpunkt den Bau der Rokokomöbel beurteilen wollen. Sie sind aus einem anderen Material als die gotischen Möbel, die aus Pfosten und Brett aufgebaut waren. Sobald man die Holzmassen gegeneinander verleimte, hatte man einen neuen Stoff, aus dem sich Pfosten und Bretter nicht mehr herstellen lassen, der dafür aber, wie das faserlose Metall, jede Form annehmen kann.

Die Einkleidung mit kostbarem Furnier war nun eine Notwendigkeit. Und da man gelernt hatte, die edlen farbigen Eigenschaften der fremden Hölzer durch Politur zu entwickeln, so ergab sich auch nach der dekorativen Seite eine Steigerung der Wirkung: das Holz wurde durch Politur dem edlen Gestein angenähert.

Damit war der Weg zu einer ganz neuen dekorativen Behandlung des Möbels offen. Vergoldete Bronze und blankgeputztes Messing standen prächtig zu den satten tiefen Tönen des polierten Holzes, und auf den Kommoden erschien die farbige Marmorplatte, die auf einem Eichenholzmöbel keinen Sinn gehabt hätte, koloristisch nicht als fremde Zutat, und sie war nötig, weil die metallenen Leuchter, Uhren und Porzellane auf einer polierten Holzplatte Schrammen hinterlassen.

Von dem geschnitzten Eichenmöbel mit Eisenbeschlägen bis zu einer Prunkkommode des Rokoko, welch' ein Weg! Aber dabei nirgend ein Sprung, überall die vollkommen logische Entwickelung.

Diese köstlichen Möbel sind für ein Geschlecht geschaffen, das ausgestorben ist. So wenig wie ein gepanzerter Ritter in einen Rokokosalon paßt, so wenig gehört der einfach gekleidete Bürger des neunzehnten Jahrhunderts hinein. Eine Wiederbelebung des fürstlichen Rokoko ist ein Unsinn in einer Epoche, wo jedermann arbeitet und sich danach kleidet.

Aber der Bürger unseres Jahrhunderts hat seinen Stil bereits geschaffen: wir haben es nur vergessen. Technisch konnte er zwar die Leistungen des Rokoko nicht überbieten. Dagegen blieb es ihm vorbehalten, in den ersten drei Jahrzehnten die praktischen Grundlagen zu schaffen, auf denen ein bürgerliches Mobiliar entwickelt werden kann. Wir dürfen behaupten, daß die Zeit von

1790–1830 die große Keimperiode des eigentlich modernen, d. h. des bürgerlichen Möbels war.

Wo wir Hamburger Möbel aus dieser Epoche antreffen, machen sie uns in ihrer Einfachheit und Zweckdienlichkeit, in der Schönheit ihrer Linien, Silhouetten und Verhältnisse den Eindruck, als seien sie ganz modern und englischen Ursprunges. In der Tat gehen alljährlich viele Tausende von Stühlen, Tischen, Kommoden und Schränken dieser Epoche nach England und Amerika, um dort als alte Erzeugnisse des heimischen Gewerbes verkauft zu werden.

Was die Möbel dieser Epoche auszeichnet, ist, was wir an den modernen amerikanischen und englischen Möbeln bewundern, die Stillosigkeit. Nachdem die – nur äußerliche – Anlehnung an die Antike, die das Empire anstrebte, überwunden war, schuf man das Möbel an sich, das konstruktiv mit äußerstem Feingefühl dem Zweck angemessen war, und dessen Schmuck in der deutlichen, einfachen Ausprägung dieses Zweckes lag.

Der Stuhl war wirklich zum Sitzen da, und wer ihn benutzte, behielt seine menschliche Form, Schönheit und Würde. Es gab Stühle für alle Bedürfnisse, nur noch nicht zum Liegen. Die Zahl der Tischformen, im Rokoko noch beschränkt, wurde Legion. An Schränken gab es Formen für jeden denkbaren Zweck.

Wenn wir das früher beachtet hätten, dann wäre es nicht nötig gewesen, das neue Evangelium aus England zu holen.

Auch eine Abart des Patriotismus hat die Möbelfabrikation stark beeinflußt. Es wurden zu den vermeintlich nationalen Stilen der Gotik – die doch aus Frankreich kam – und der deutschen Renaissance – die sehr stark von Italien beeinflußt war – das deutsche Material verlangt. Die Ära des Mahagoniholzes wurde von der des Eichenholzes abgelöst.

Im Grunde ist es selbstverständlich, daß, soweit praktisch möglich, das heimische Holz verwendet wird. Aber die edlen tropischen Hölzer verbannen wollen, wäre Donquichotismus. Es ist nicht einzusehen, warum denn nicht auch alle anderen tropischen

Erzeugnisse, wie der edle Tabak, der Kaffee, die Baumwolle aus Patriotismus verschmäht werden sollten.

Leider ist die Zahl der für den Möbelbau verwendbaren einheimischen Hölzer gering. Das Eichenholz steht durch viele gute Eigenschaften voran, namentlich als vorzügliches Material für den Bildhauer, es verlangt geradezu Schnitzerei. Kein besseres Material für eine Epoche großer und origineller Plastik, deren neues Leben bis ins Kunsthandwerk dringt, und kein unbehaglicherer Stoff zu einer Zeit, die in den dekorativen Künsten das tausendmal Dagewesene wiederholt. Für den Gebrauch im modernen Hause ist Eichenholz überdies sehr unschön, da es durch die Berührung der Hand schmierig wird, sehr beschwerlich zu reinigen ist und durch Politur nicht gewinnt. Es ist unendlich empfindlicher als z. B. Mahagoni. Neben Eichenholz kommt noch Nußbaumholz in Betracht. Aber es ist kaum als heimisches Gewächs zu nennen. Damit ist der Vorrat heimischer Hölzer eigentlich erschöpft, denn entweder eignen sich die übrigen nur für die billigsten Einrichtungen, wie das Tannenholz, oder sie sind für ausgedehnten Gebrauch zu selten. Wir würden die Möbeltischlerei unendlich beschränken, wenn wir sie der Diktatur eines oberflächlichen Patriotismus unterwerfen.

Die koloristischen Vorteile auszunutzen, die sich durch farbige Beizen oder durch Bemalung erreichen lassen, ist die Zeit in Deutschland wohl noch nicht gekommen.

Makartbouquet und
Blumenstrauß

Im Frühjahr 1890 sah man zum erstenmal in den Straßen von Berlin W. große Mengen wilder Blumen feilbieten, nicht in fertigen Sträußen, sondern bündelweise als Material, Schneeglöckchen, Primeln, Anemonen, Vergißmeinnicht, Dotterblumen. In großen Körben trugen die wandelnden Verkäufer auf dem Potsdamerplatz, den ganz Berlin W. einmal am Tag passieren muß, die farbige Last vor sich her, zu Haufen aufgeschichtet lagen die Erstlinge der märkischen Wiesen und Wälder vor den Fruchtkellern und leuchteten mit ihrem Weiß und Gelb weithin über die grauen Straßen.

Das war ein folgenschweres Ereignis, und nach hundert Jahren werden die deutschen Schulkinder aus ihren Geschichtstabellen die mit fetten Lettern gedruckte Notiz zu lernen aufbekommen: 1890 Erste Regung des neuen Geschmacks. Beginn des Handels mit wilden Blumen in Berlin. Das Makartbouquet wird abgeschafft. (Ploetz, achthundertste, gänzlich umgearbeitete Auflage.)

Aber da man nach so langer Zeit nicht mehr genau wissen wird, wie es gewesen ist, und da sich, wenn die Gelehrten die Weltgeschichte vergangener Zeitalter schreiben, jedesmal herausstellt, daß niemand aufgezeichnet hat, was man am liebsten erfahren möchte, so will ich alles erzählen, was ich über den historischen Zusammenhang weiß.

Als ich noch in die Schule ging, hatten wir im Lesebuch eine Fabel, in der die Tulpe, ein dummes, duftloses, hochmütiges Geschöpf, dem wohlriechenden unscheinbaren Veilchen weichen mußte. Es wurde dem Veilchen außer seinem Duft noch besonders angerechnet, daß es so schön blau war, und die Tulpe bekam ein hartes Wort zu hören wegen ihrer Vorliebe für das häßliche Gelb, die Farbe des Neides.

Die Tulpe hatte mir eigentlich immer sehr gut gefallen, aber seitdem ich diese Fabel gelesen hatte, traute ich ihr nicht mehr. Es bleibt immer etwas hängen. Außerdem hatte ich nun gelernt, daß das Gelb eine verabscheuungswürdige Farbe wäre, was ich viele Jahre lang nicht vergessen konnte.

In demselben Lesebuch stand auch ein Spaß von den Holländern, die vor zweihundert Jahren die Tulpen so sehr geliebt hätten, daß sie für seltene Zwiebeln ein Vermögen opferten. Aber damals wußte man es noch nicht besser, und in dem Lesebuch, aus dem die Holländer ihre Bildung lernten, hat wohl die Geschichte vom Wettstreit zwischen der Tulpe und dem Veilchen noch gefehlt.

Das war alles, was ich über die Schönheit der Blumen als Kind erfahren habe. Botanik bekamen wir zwar auch schon, aber es wurde dabei nur von Staubfäden und Blättern, Blatträndern und Blütenständen gesprochen. Damit will ich jedoch nicht gesagt haben, daß die Lehrer der Botanik ihre Zöglinge künftig auch auf die Schönheit der Blume aufmerksam machen sollten, denn ich weiß sehr wohl, daß sich solches mit dem Geist der Wissenschaft nicht verträgt. – Viele Jahre habe ich geglaubt, daß es die erste Pflicht der Blume wäre, zu duften, und wenn ich mich über die schöne Farbe einer Tulpe freute, wußte ich, daß ich gegen meine bessere Überzeugung aus dem Lesebuch handelte, und fühlte mich im Unrecht.

Mit der Zeit aber habe ich meine Ansicht geändert, und heute geht mir die schöne Farbe weit über den schönsten Duft. Das ist nach und nach so gekommen. Einst machte ich plötzlich die Entdeckung, daß das Gelb doch eigentlich eine sehr schöne Farbe wäre. Ich hatte einer Tante einen Strauß roter und gelber Blumen gebracht, den ich für ausnehmend hübsch hielt. Aber meine Tante machte zu der schönen Gabe ein süßsaures Gesicht, pflückte alle gelben Blumen heraus und fing dann erst an, sich über das Geschenk zu freuen, während ich schmerzlich empfand, daß die Schönheit des Straußes nun dahin war. Seit der Zeit wußte ich aber das Gelb zu würdigen, und ich merkte zu meiner Überraschung, daß ich nun auch von der Betrachtung aller anderen Farben einen viel größeren Genuß hatte.

Das Radbouquet

Wenn ich auf diese Zeit zurücksehe, zwanzig oder dreißig Jahre etwa, kommt es mir vor, als hätte man sich damals aus den Blumen im Grunde so sehr viel nicht gemacht. Man brauchte sie eigentlich nur zu Geschenken. Wenn ein Jubiläum oder eine Hochzeit war, kamen soviel Sträuße und Körbe ins Haus, daß man heimlich das Meiste verschenken mußte und von dem Rest für einige Tage Kopfschmerzen hatte. Für gewöhnlich behalf man sich ohne Blumen.

Vom Spazierengehen wurden wohl wilde Blumen mitgebracht, aber es war schwer, etwas Erfreuliches mit dem schwierigen Material anzufangen. Gewöhnlich machte man Sträuße, in denen bunt durcheinander alle Blumen und Gräser, die man hatte finden können, von dem festen Band zusammengehalten wurden. – Die größeren Blumen aus dem Garten pflegte man kurzstenglig abzuschneiden und wie einen flachen Kuchen auf einem Teller auszubreiten, auch wieder möglichst bunt. Zwar besaßen die Großmütter vom Anfang des Jahrhunderts in ihren Schränken zierliche irdene Vasen oder Körbchen mit durchlöcherten Deckeln und erzählten, daß sie in ihrer Jugend schöne Blumen lose hineingesteckt hätten. Allein diese Reste einer vergangenen Kultur waren längst außer Gebrauch.

Die Sträuße, die etwas vorstellen sollten, machte der Blumenhändler. Nachdem er von den Zweigen alle Blätter abgerissen hatte, band er die Blumen nach den Farben dicht aneinander, einen

61

Fleck roter in die Mitte, darum einen Kreis weißer, dann einen Kreis blauer und so weiter, bis dann das Ganze, das die Form eines riesigen Knopfes hatte, von einer weißen Papiermanschette umschlossen wurde. Bei großen Gelegenheiten nahm man statt dessen auch wohl kostbare Spitzen. War der Gärtner ein Mann von Geschmack und Geschick, so band er statt der etwas einförmigen Ringe auch wohl Sterne, Dreiecke und vielleicht gar Namenszüge, so daß man unwillkürlich an die ästhetische Wirkung des Heringssalates denken mußte. Das waren die sogenannten Radbouquets, die aus alter Gewohnheit heute noch den Schauspielern auf die Bühne geworfen werden.

Der Drahtstrauß

Aber alles Schöne ist vergänglich. Vor etwa zwölf bis fünfzehn Jahren, als ich auf der Universität war, kamen die Blumenhändler in Berlin, wo die Menschen vor dem Hergebrachten nicht immer Respekt haben, auf neue Ideen. Sie rissen die Blätter nicht mehr von den Zweigen und banden ganz lose durchsichtige Sträuße, bei denen die bunten Blumen in den Blättern saßen. Obendrein hatte man noch die Kühnheit, die weiße Manschette wegzulassen. Das Publikum opponierte anfangs heftig gegen die grünen Blätter und bestand auf seiner Manschette. Aber die Mode ist mächtiger als die Einsicht, und es ging mit den losen Sträußen, wie mit einer Veränderung der Hutform und des Kleiderschnitts. Zuerst fand man die neuen Sträuße entsetzlich und meinte, man könnte sich an solche Geschmacklosigkeit nie gewöhnen, dann gestand man sich, sie wären doch nicht ganz ohne, und schließlich verschenkte man sie selbst.

Aber nicht aus allen Blumen kann man große lose Sträuße binden, und wenn man von den Rosen immer die langen Zweige gleich mit abschneiden will, so werden die Kosten zu groß.

Deshalb verfiel man auf einen Kniff, die Verwendung des Drahtes. Mit seiner Hülfe wurden Effekte erzielt, die jedem, der die Natur der Pflanzen kennt, sein Rätsel aufgaben.

Wenn man diese Sträuße ins Wasser stellte, so nützte es ebensowenig, wie bei den eben aus der Mode gekommenen Radbouquets. Aber darauf kam es ja auch nicht an, denn man kaufte sie niemals für sich, um sie auf seinem Tisch zu haben und sich tagelang an dem schönen Anblick zu erfreuen, sondern nur, um sie zu verschenken, und wer sie erhielt, der pflegte gleich so massenweise bedacht zu werden, daß er im Grunde froh war, wenn er am nächsten Tage schon die verwelkten Bouquets wegwerfen konnte.

Das Wort Bouquet fing übrigens an, außer Gebrauch zu kommen. Die lose Anordnung machte schon einen etwas natürlicheren Eindruck als die radförmige, und so griff man instinktiv zu dem deutschen Wort, daß in meiner Jugend nur während der Sommerfrische gebraucht wurde, um die bunte Leistung des Bauerngeschmacks richtig zu benennen.

In der Kunst des Straußbindens brachte man es nun nach wenigen Jahren wirklich sehr weit. Bei der Zusammenstellung verfuhr man sehr vorsichtig. Grüne Blätter galten für roh, man suchte nach braunen und gelblichen, und wenn eine Blume nur grüne Blätter hatte, so wurde der Fehler verbessert, indem man ihr die braunen einer anderen andrahtete. Wer vor einem Berliner Blumenladen stand, konnte sich nur mit Mühe überzeugen, daß die Arrangements, die da auf dem schwarzen Sammet lagen, wirklich aus lebenden Blumen hergestellt waren und nicht aus künstlichen. Es mußte auch wohl schon vorgekommen sein, daß die Kunden sich getäuscht hatten, deshalb erschienen in den Auslagen der feinsten Bouquetbinder schwarze Schilder mit der goldenen Inschrift: Nur natürliche Blumen.

Eine neue Technik pflegt sich, wie man weiß, mit unheimlicher Schnelle zu entwickeln. Bald war man mit dem Draht allein nicht zufrieden, sondern sah den Verfertigern künstlicher Blumen auch noch das grüne, gelbe und braune Papier ab, mit dem sie die Stengel umwickeln. Damit war der phantastischen Erfindung die letzte Schranke niedergerissen. Jeder Gang durch die Straßen Berlins brachte eine neue Überraschung. Da gab es große Zweige von seltsamen blauen Blumen, die man nie gesehen hatte. Trat man näher, so waren es Hyazinthenblüten, von ihrem Stengel gerissen und an langen, grün umwickelten Drähten zu Blütenständen vereinigt, die es gar nicht gibt. Ähnlich wurden alle kleinen Blumen behandelt, die es sich nur irgend gefallen ließen. Ein besonders geschickter und berühmter Binder kam schließlich auf noch kühnere Einfälle. Er pflegte einzelne Blumenblätter auszureißen, um neue Formen zu bekommen, oder er zupfte alle Blumenblätter weg und ließ nur den Kelch stehen, was namentlich bei den Georginen die seltsamsten Effekte gab.

Zwar erhoben jetzt die Blumenfreunde ein lautes Wehklagen, und es hätte nicht viel gefehlt, so wäre von dem sinnigsten unter ihnen, Johannes Trojan, ein Blumenschutzverein gegründet worden, denn der Dichter, der eine zartere Empfindung hat als der nur auf die frappierende Wirkung bedachte Straußbinder, litt schmerzlich unter dem Bewußtsein, daß die Blumen am Draht dem Verdurstungstode preisgegeben waren, und erst recht taten ihm die Verstümmelungen weh. Aber das Publikum war nun stolz auf die Leistungen seiner Binder, und man konnte hören und lesen, daß Berlin in der Kunst des Blumenarrangierens Paris und London weit überboten hatte. Das war auch wirklich der Fall, denn in Paris erhält man die schönsten Blumen nur als Rohmaterial, der Käufer nimmt sie mit nach Haus und stellt sie selber ins Glas oder in die Vase.

Wenn aber ein gebildeter Franzose oder Engländer, der durch Berlin kam, auf die Sträuße, Kissen, Leiern, Staffeleien und Wagen in den Läden aufmerksam gemacht wurde, so pflegte er gar kein Verständnis zu zeigen. Manche wurden gar ungehalten und meinten, es wäre in Deutschland mit den Blumen wie mit der ganzen Einrichtung, man wolle die Kunst fertig angerichtet ins Haus geliefert bekommen, und man hielte sie nur für Festtage bestimmt, wie der Bauer den Kuchen. Bei ihnen aber gehörten schöne Blumen, von der Hausfrau oder dem Hausherrn geordnet, zum täglichen Brot – wie die Kunst überhaupt. – Es wird den Fremden zuweilen schwer, unsere Eigentümlichkeiten zu würdigen.

Das Makartbouquet

Soweit war die Entwicklung gediehen, da erhielt der lose Strauß einen mächtigen Nebenbuhler in dem Makartbouquet. Man sieht schon an der Bezeichnung Bouquet, die plötzlich wieder auftauchte, daß es sich um etwas Künstliches handelte.

Diesmal aber paßte das französische Wort sehr schlecht in den Zusammenhang, denn das Makartbouquet kam nicht aus Frankreich, trat auch nicht allein auf, sondern erschien als notwendiger Bestandteil des altdeutschen Zimmers.

Das altdeutsche oder stilvolle Zimmer (man hätte auch einfach sagen können: das volle oder das viel zu volle Zimmer) war eine Mode, die sich mit unerhörter Schnelligkeit über ganz Deutschland verbreitete.

Die Maler gaben in der Einrichtung ihrer Ateliers das erste Beispiel. Bis 1870 waren die Ateliers bei uns meistens große, scheunenartig einfache Räume mit Staffeleien am Fenster, Studien an den Wänden und sehr viel Staub. Das wurde nach 1870 ganz anders. Den Historienmalern brachten ihre Bilder aus vergangenen Zeiten große Vermögen ein, und da konnten sie sich alle die schönen alten Möbel und Stoffe, die sie malten, beim Antiquitätenhändler für ihren eigenen Besitz anschaffen. Um ihre Schätze geschmackvoll aufzustellen, bauten sie sich Paläste mit riesenhaften Ateliers. Nun brauchten sie, wenn sie nicht wollten, gar nicht mehr auszugehen und sich die heutige Welt zu betrachten. Sie stellten ihre kostümierten Modelle vor ihre Wandteppiche und zwischen ihre Schränke und Tische, und wenn sie Szenen im

Freien malen wollten, so konnten sie die Töne des Himmels an ihren nachgedunkelten Bildern und die Schönheit der Bäume auf ihren verschossenen Gobelins studieren.

Auf den großen Maskenfesten, die sie gaben, erschienen alle die reichen Leute, die sich von ihnen malen ließen oder sich um ihre Bilder stritten, und fühlten sich in den weiten Prunkräumen mit persischen Teppichen am Boden, französischen Gobelins an den Wänden, venezianischen Seidenstoffen vor Fenstern und Türen und den zu lauschigen Winkeln gruppierten holländischen Möbeln altdeutsch behaglich.

Das berühmteste Atelier dieser Art war das von Hans Makart in Wien. Jeder Fremde, der auf Bildung hielt, mußte es sehen und überschlug lieber die Gemäldegalerie, wenn er nicht viel Zeit hatte.

Da nun diese altertümlichen Ateliers die schönsten Einrichtungen waren, die man bei Privatleuten in Deutschland finden konnte, so meinten die wohlhabenden Gönner der Historienmaler, sie könnten nichts Besseres tun, als sich ihr Haus auch so einrichten. Denn daß es bei ihnen zu Hause zwischen den russisch grünen Polstermöbeln, weißen Öfen und Türen nicht so hübsch war, fühlten sie wohl.

Nun fingen sie an zu kaufen, wie die Künstler. Und bald gab es nicht genug alte Truhen und Schränke, Teller und Vorhänge mehr, man mußte alte Möbel und Geräte neu machen, um den Bedarf zu decken. Und weil es nun einmal Mode war, stellte man die neuen Einrichtungen gleich im alten Stil her.

Alles mußte alt aussehen, die Schränke, die Stühle, die Tapeten, die Vorhänge. Um eine altertümlich gemütliche Stimmung zu erwecken, wurden die Fenster aus Butzenscheiben gemacht und dann noch mit dunklen Gardinen verhängt. Auf alle Schränke wurden Gläser und Vasen gestellt, die Wände bedeckten sich mit alten Tellern. Sogar an der Sofalehne wurde ein Bort für altdeutsche Krüge angebracht, und wenn der Vetter vom Lande auf den Ehrenplatz genötigt wurde, fielen sie ihm auf den Kopf.

Überhaupt konnte man sich am Tage in diesen Zimmern nur mit äußerster Vorsicht bewegen, denn sie waren ganz dunkel und standen voll wie ein Möbelmagazin. Dazu hatten alle Möbel soviel altdeutsche Ecken und Kanten und soviel scharfe Ornamente an den unwahrscheinlichsten Stellen, daß der uneingeweihte Besuch mit Knochenhautentzündungen nach Hause ging. Wer seine kleinen Kinder, die zu den Möbeln passende schöne altdeutsche Namen erhielten, wirklich lieb hatte, ließ sie nicht ohne Aufsicht hinein, denn sie pflegten mit zerschundenen Händen und zerstoßenen Köpfen herauszukommen. Es war eine merkwürdige Zeit. Wozu ein Tisch oder ein Stuhl ursprünglich auf der Welt gewesen war, schien vergessen. Die Sofas warfen ab wie bockende Pferde, und wer sich auf einen Stuhl niederließ, sah nicht mehr aus wie ein Mensch, sondern wie ein Haufen Unglück.

Der Berliner Volkswitz kam der stillvollen Einrichtung bald auf die Schliche und nannte die vollgepfropften Räume, die zehnmal mehr Möbel und Gerät enthielten als man brauchen konnte, nach dem bekannten Dekorationsgeschäft: Hirschwald ohne Preise.

In Hamburg hat der altdeutsche Stil nicht viel Entgegenkommen gefunden, denn er läßt sich nicht gut reinhalten. Das kam von seiner Entstehung im Künstleratelier, wo der Staub nicht viel ausmacht. Und die Architekten und Möbelzeichner, die nun, weil die Tischler auf den neuen Stil nicht gleich eingeübt waren, die Leitung der Einrichtungen übernahmen, waren ja auch nicht Hausfrauen und fragten nicht danach, ob sich ihre Werke mit den vielen Schnitzereien auch reinigen ließen. Eine Berliner Dame erzählte mir, daß ihre Hamburger Freundinnen, wenn sie zu Besuch kämen, beim ersten Schritt ins Zimmer entsetzt die Hände zusammenschlügen und ausriefen: Wer putzt hier Staub?

In dieses dunkle Zimmer paßten frische Blumen nicht mehr. Am Tage konnte man sie nicht sehen, und bei Abend, wo es übrigens nicht viel heller gemacht wurde, standen ihre frischen Farben sehr schlecht zu den lehmgelben, erbsenfarbenen, schmutzigroten Tapeten und Möbelstoffen.

Da wurde als höchster Schmuck für dies Erzeugnis einer plötzlich in Aufschwung geratenen Kultur das Makartbouquet erfunden.

Makart, der sich an den feinen Tönen alles Verschossenen erquickte, hatte als einer der ersten das diskrete Altgold eines getrockneten Palmwedels zur Belebung einer dunklen Ecke verwandt. Mit richtigem Instinkt für den Zusammenhang der Erscheinungen wurde der Strauß trockener Gräser, Palmblätter, Distelblumen, Federn, Wollpompons, exotischer Schmetterlinge und anderer Dinge, die sich nicht addieren lassen, nach ihm benannt. Wer ein Makartbouquet besaß, brauchte sich um den Schmuck seines altdeutschen Zimmers weiter keine Sorge zu machen, und bald hatten die glänzenden Eigenschaften der neuen Erfindung den Weg vom Palast in die Hütte gebahnt. Die Palmwälder Afrikas reichten nicht mehr für den deutschen Bedarf. Große Fabriken sorgten dafür, daß man das Makartbouquet in allen Formaten fertig kaufen konnte.

Wem der Zusammenhang zwischen der großen Kunst und dem Kunstgewerbe nicht klar ist, oder wer da bezweifelt, daß alles, was die führenden Maler in ihren Bildern darstellen, von der Industrie verarbeitet wird, sobald das Publikum sich daran gewöhnt hat, der braucht nur das altdeutsche Zimmer auf seinen Ursprung im Historienbilde zu betrachten. Vor fünfzig Jahren wanderten die schönsten »altdeutschen« Möbel und Geräte, die sich in Deutschland erhalten hatten, nach England (wie später das Rokoko und heute die Hamburger Möbel von 1800 bis 1840). Dann lehrten die Künstler in ihren Historienbildern das malerische Wesen des »alten Gerümpels« begreifen, und schließlich übernahm die moderne Industrie eine heftig inszenierte Erneuerung des Hausrats im Sinne der Historienbilder. Und das künstliche Kolorit Makarts, nur unendlich vergrößert durch das trübe Medium der kulturlosen Musterzeichner, ergoß sich über unser Bürgerhaus.

Italienische Blumen

Die Liebe zu der Natur war jedoch von den Historienbildern, dem Makartbouquet und dem altdeutschen Zimmer nicht ganz ertötet. Es gab Künstler mit einfachen altmodischen Ateliers, in denen es nie an frischen Blumen fehlte. Und ehe man in den Berliner Blumenläden einen Tulpenstengel kaufen konnte, durchstöberte Julius Lessing die alten Gärtnereien des Potsdamer Viertels nach verschollenen Blumen und liebte es, seine Gäste mit einem großen Strauß uralter Papageientulpen auf dem Tisch zu überraschen.

Mittlerweile hatten im Winter die Schnellzüge aus Italien ganze Waggonladungen frischer Blumen einzuführen begonnen. Wer zuerst auf die Idee gekommen ist, kann ich nicht sagen. Aber ich glaube nicht, daß es ein Gärtner war, da die ganz neuen Gedanken selten von den eigentlichen Fachleuten gefaßt werden. Jeder ist ein Ignorant in seinem Fach, heißt es in den bisher noch ungedruckten Sprüchen eines bekannten Hamburger Salomo.

Anfangs wurden die »Italienerblumen« nur von Künstlern und ihren Frauen gekauft, denn ihnen ging die schlichte Schönheit der Narzissen und Anemonen am ersten auf. Sie nahmen sie mit nach Haus und ordneten sie nach ihrem Geschmack. Die Blumenbinder konnten namentlich mit den zarten Zwiebelblumen nicht viel anfangen, denn sie vertrugen den Draht nicht.

So gab es denn Blumen, die man wohl oder übel als Rohmaterial annehmen mußte. Aber dafür hatte man den ganzen Winter um ein Billiges frische Blumen, und sie hielten sich tagelang, wenn sie richtig behandelt wurden. Man gewöhnte sich, Blumen zu kaufen, nicht um sie zu verschenken, sondern um sie selber im Hause zu haben. Das war etwas ganz neues, und es dauerte nicht lange, so ließ sich die revolutionäre Wirkung dieser Gewohnheit erkennen.

Zuerst machte man die Beobachtung, daß frische Blumen sehr viel Licht brauchen, wenn sie ihre volle Wirkung tun sollen, unendlich viel mehr als das genügsame Makartbouquet, das mit der dunkelsten Ecke zufrieden ist. So wurden denn die dunklen Vorhänge schüchtern ein wenig zurückgezogen.

Nicht lange, so fand man heraus, daß man gar keine rechten Vasen besaß, um die edlen Farben und Formen der Narzissen, wilden Hyazinthen, Anemonen und Tazetten zur Geltung zu bringen.

Die Blumenvasen hatten dasselbe altertümliche Schmutzkleid angezogen wie die Wände und Möbel. Dazu waren sie mit allerhand erhabenem buntem Relief bedeckt, und dem Künstler, der sie entworfen hatte, war so wenig eingefallen, daß sie die Farbe und Gestalt der frischen Blumen heben sollten, wie dem Architekten, der den altdeutschen Stuhl gezeichnet hatte, die Idee gekommen war, daß er die Gestalt des sitzenden Menschen möglichst vorteilhaft zur Geltung zu bringen hätte.

Was für entsetzliche Blumenvasen haben uns die Fabrikanten zu bieten gewagt. Es war fast noch schlimmer als bei den Möbeln. Wer die Auswahl der ausgesuchtesten Verirrungen in den Fenstern der Blumenhändler ausgestellt sah, durfte sich als Deutscher persönlich beleidigt fühlen.

Die Künstler und alle, die von ihnen beraten oder aus sich selber Geschmack hatten, kauften alte ostasiatische und moderne englische Gefäße. Man pflegte sich auf Reisen ein ganzes Arsenal einfacher, ornamentloser Vasen und Töpfe mitzubringen, graue, braune, rote, um jedesmal die richtigen zur Hand zu haben. In Deutschland gab es nur eine Quelle, die Topfmärkte der thüringischen Städte, wo man unter den Milchtöpfen und flaschenartigen Krügen die ruhigsten Formen und die mannigfaltigsten einfachen Glasuren fand.

Unsere Majolika-Industrie hatte sich währenddessen damit abgegeben, bunte Teller für den Wandschmuck, große dekorative Vasen in flauer Nachahmung alter mißverstandener Vorbilder anzufertigen. Lauter Sachen, die eigentlich niemand brauchte. Noch ist es ihr nicht eingefallen, das Bedürfnis aufzusuchen und zu befriedigen. Es fehlt in Deutschland durchaus an brauchbaren Blumenvasen.

Dafür gehen aber von Jahr zu Jahr beträchtliche Summen deutschen Geldes nach England, wo die großen Majolikafabriken nach dem Vorbilde altchinesischer Vasen mit einfachen edlen Umrissen und einfacher vornehmer Glasur moderne Blumenkübel, Blumentöpfe und Blumenvasen geschaffen haben, die ihrem praktischen Zweck vollkommen entsprechen und deren farbige Erscheinung einem gebildeten Geschmack wohltut. Statt ihre Stärke in der Zahl der verwendeten Glasuren zu suchen, pflegen die englischen Fabrikanten nur eine ganz kleine Anzahl der feinsten und amüsantesten, und auf das Ornament verzichten sie ganz zugunsten der edlen, einfachen Umrisse.

Wie wirken aber auch die Blumen in diesen Gefäßen! Die einfache, ruhige Form stört den Eindruck der zierlichen Bewegung der Blätter, Stengel und Blütenstände nicht, und der eine kräftige Fleck der vornehmen Glasur läßt die Farbe der Blume zur Wirkung kommen wie der Rahmen das Bild.

Wilde Blumen

Die italienischen Blumen können nicht mehr transportiert werden, sobald es wärmer wird.

Aber nun war einmal in vielen Kreisen das Bedürfnis geweckt, frische Blumen täglich im Zimmer zu haben, und so suchte man im April, wenn die Sendungen aus Italien spärlicher wurden, Ersatz in unsern wilden Blumen.

Eine neue Welt öffnete sich dem Auge und dem Herzen.

Wilde Blumen hatten immer als schön gegolten, aber nur die auffallenden oder wohlriechenden wurden besonders geschätzt. So lange die Bedürfnisse durch das Radbouquet, den Drahtstrauß oder das Makartbouquet mit ihren bombastischen Ausdrucksmitteln befriedigt wurden, hatte man weder Lust noch Kraft, sich in die zarten Reize der bescheidenen unaufdringlichen Unkräuter zu vertiefen. Und viele der schönsten Blumen waren wegen eines unschönen Namens – Hundsblume! – oder wegen ihrer gelben Farbe unbeliebt.

Nun begann das Auge von den längst anerkannten Himmelsschlüsseln, den Schneeglöckchen und Anemonen des Frühlings aus die ganze Welt der blühenden Kräuter und Unkräuter zu erobern. Vom ersten Schneeglöckchen oder Leucojum des Februar bis zu den letzten vom Frost verschonten Wucherblumen des Dezember bot das ganze Jahr Stoff für die kleinen Vasen, die für Zwergpflänzchen wie den Ackermennig bereit standen, und für die großen, in denen der Dosten, der Rainfarrn oder die Iris ihre dekorative Pracht entfalteten. Und in befreundeten Familien fingen Erwachsene und Kinder an zu wetteifern, vom Spaziergang die bisher unbeachteten Unkräuter mitzubringen und wirkungsvoll aufzustellen.

Als einmal eine Frau von originellem Geschmack ihre Vasen mit den Blumen und Blättern des Löwenzahns geschmückt hatte, feierte ihre Gesellschaft diesen Einfall als ein großes Ereignis, denn fast alle, die da vor den kräftigen sonnenhaften Blumen mit dem prachtvollen Grün ihrer energisch umrissenen Blätter standen, mußten sich gestehen, daß sie die allzuhäufige Blume nie auf so viel Schönheit taxiert hätten. Man hatte das Gefühl der Befriedigung, als ob ein altes Unrecht gesühnt wäre.

Wandlungen

I

Ist nicht seit fünfundzwanzig Jahren genug und übergenug von der »Kunst im Hause« geredet und geschrieben worden? Und haben die Anregungen und Vorschläge nicht einen gänzlichen Umschwung der Architektur und Hauseinrichtung zur Folge gehabt? Gewiß. Aber wieder, wie um 1870, stehen wir vor einem Scheidewege, und da wird es nötig, aufs neue nach den Landmarken auszuspähen.

Es ist eine alte Erfahrung, daß eine Geschmacksrichtung etwa ein Menschenalter, also zwanzig bis dreißig Jahre, vorhält. Das ist der Zeitraum, der dem Manne zu schaffen vergönnt ist. Dann kommt mit dem neuen Menschen ein neuer Geschmack, der in allen Punkten dem vorhergehenden entgegengesetzt zu sein pflegt.

Viele von uns erinnern sich der »guten Stube« vor 1870. Eine Fülle von Licht ergoß sich durch die klaren Gardinen über die Mahagonimöbel mit ihren schwarzen Bezügen und den weißen »Antimacassar« darauf, über die Kupferstiche an den Wänden, den mageren kleinen Teppich unter dem ovalen Sofatisch mit seinen Albums und Prachtwerken. Der schönste Schmuck war die Sauberkeit, und die Poesie der großen Jahres- und Familienfeste durchwehte den Raum.

Dann kam der Aufschwung nach 1870. Wir traten das politische und wirtschaftliche Erbe der Arbeit von Generationen an, und wie wir uns politisch auf eigene Füße gestellt hatten, so wollten wir auch in der Architektur und in der Industrie uns vom Einfluß des Auslandes frei machen. Nicht aus Frankreich oder England wollten wir die Vorbilder holen, sondern aus unserer eigenen Vergangenheit. Die Erkenntnis, daß auch unser Volk zur Reformationszeit von der künstlerischen Bewegung der Renaissance gepackt worden, war von Forschern und Architekten eben erst gewonnen. Das gab die Parole: Deutsche Renaissance.

Innerhalb eines Jahrzehntes hatte die damals neue Richtung nach den üblichen Kämpfen ihr Ziel erreicht. Das ist nun vergessen. Aber noch lebt in Berlin der Akademiker klassischer Richtung, der damals keine parlamentarischen Ausdrücke finden konnte, um seine Schüler vor der neuen Richtung zu warnen.

Ein Jahrzehnt später hatte sie gesiegt. Das typische Wohnzimmer von 1880 war in allen Teilen ein Gegensatz zu der »guten Stube«, in der 1870 die heimkehrenden Krieger gefeiert waren. Die Fenster blieben auch im Sommer mit schweren dicken Gardinen verhängt. Durch bunte oder trübe Scheiben drang spärliches Licht. Statt des ausländischen Mahagoniholzes herrschte unumschränkt das heimische Eichenholz und statt der glatten Formen die reichste Schnitzerei. Der Ornamentrausch hatte das deutsche Volk erfaßt, eine Freude an üppigem Schmuck, die den Aschbecher und den Stiefelknecht nicht verschont ließ. Mit vollen Händen schöpfte man die Formen aus dem unermeßlichen Vorrat, den uns unsere Vorfahren hinterlassen. Bis 1890 hatte man in unersättlichem Hunger nicht nur die eigentliche deutsche Renaissance in ihrem ganzen Verlauf, sondern auch das Barock und das so lange verachtete Rokoko verschlungen.

Jetzt sind wir auch damit zu Ende. Was nun? Nach den Erfahrungen der letzten Jahrhunderte läßt sich unschwer im allgemeinen die Richtung bezeichnen, die man logischerweise einschlagen wird. An Stelle der Fassaden aus Ornament und Fensterlöchern wird man glatte Wände als eine Beruhigung empfinden. Den Schnitzereien der schweren gebeizten Eichenholzmöbel wird man glatte, polierte leichte Formen vorziehen. Statt der schmutzigen »Wurst-, Erbsen und Sauerkrauttöne« der Teppiche und Möbelstoffe wird man wirkliche Farben willkommen heißen, nach der

Überladung die Reize der Schlichtheit empfinden. Die künstliche Dunkelheit wird einer Flut von Licht weichen, und statt der Kopie der historischen Stile, die jeder erlernen kann, wird man die Bestätigung des individuellen Geschmackes, der sich erziehen, aber nicht lernen läßt, am höchsten schätzen.

Daß das kommen würde, war längst zu sehen und ist auch längst gesagt worden. Daß es so plötzlich und zwar wie ein Überfall von außen hereinbrechen würde, hat auch die überrascht, die es längst gefürchtet und die längst davor gewarnt haben.

Zwei Prinzipien stehen sich heute im harten Kampf gegenüber.

Vor kurzem sah ich in der Nähe von Hamburg das kleine Wohnhaus – Dreifensterhaus – eines reichen Mannes, das den höchstentwickelten Typus der Epoche der Wiederbelebung der alten Stile verkörperte. Es war eben fertig gestellt. Der Schmuck der kleinen Küche hat allein fünfzigtausend Mark gekostet, und die Wohn- und Schlafzimmer waren entsprechend eingerichtet. Was die von der Formenwelt der letzten drei Jahrhunderte erfüllte Phantasie des Architekten ersinnen und kombinieren konnte, war aufgeboten, um kein Winkelchen unverziert zu lassen. Drei Dienstboten waren für die Reinhaltung all der Schnitzereien, Profile, Giebel und Nischen der Dekorationen besonders angestellt.

Einige Tage später besuchte ich verschiedene alte Freunde in Berlin. Ich kannte ihre Wohnungen, die ich zuletzt in demselben altdeutschen Stil eingerichtet gesehen hatte, nicht wieder. Alle Eichenmöbel waren verschwunden; keine Spur von Renaissance, Barock oder Rokoko. Von den Decken und Wänden war aller Stuck heruntergeschlagen, die schlichtgestrichene oder mit einer englischen Tapete bedeckte Wand stieß ohne Voute oder Sims gegen die ganz schlichte weiße Decke. Schnitzerei gab es nicht mehr, die Fenstervorhänge waren auf das bescheidenste Maß zurückgegangen oder fehlten ganz. Alles war hell, licht, einfach, und an die Stelle der Form war die Farbe getreten. Aber alles war englisch.

In Berlin hat also die Gesellschaft – die Künstler voran – mit dem Kultus der historischen Stile gebrochen. Sie ist darin England und Amerika gefolgt. Derselbe Umschwung bereitet sich überall vor.

Niemand wird mehr leugnen dürfen, daß wir mitten in einer schweren Krisis schweben. Es wäre ebenso gefährlich, nun ohne weiteres über Bord zu werfen, was bisher gegolten hat, wie es töricht wäre, um jeden Preis alles festzuhalten.

II

In Georg Hirths weitverbreiteter Publikation ›Das Deutsche Zimmer‹ besitzen wir ein außerordentlich wertvolles Mittel, uns über die Gedanken zu orientieren, die die in den siebziger Jahren von München ausgehende Bewegung auf dem Gebiet der dekorativen Form niedergelegt, was damals mit ihm und nach ihm alle fühlten. Die Lektüre dieses Werkes ist für jeden, der sich über die Grundlagen, die wir unter den Füßen haben, orientieren will, ganz unentbehrlich. Es enthält die Erfahrung einer ganzen Epoche, und viele Beobachtungen, die hier zuerst ausgesprochen sind, haben dauernden Wert.

Zehn Jahre liegen seit dem Erscheinen der dritten Auflage dieses Buches hinter uns.

Von der ersten bis zur dritten Auflage war der Standpunkt derselbe geblieben, nur der Blick hatte sich erweitert. Aus dem Zimmer der deutschen Renaissance der ersten Auflage war das »Deutsche Zimmer« aller Epochen vom Mittelalter bis zum Schluß des achtzehnten Jahrhunderts geworden.

Auf dem Boden der historischen Stile sollte sich die Wiedergeburt des modernen Geschmackes vollziehen. Georg Hirth betont ausdrücklich, daß der gute Geschmack in erster Linie von der Kennerschaft alter Kunst abhängig ist. Großes ließe sich nur »bei liebevollem und verständnisinnigem Studium der Alten« erreichen. Die Überzeugung müsse Gemeingut werden, daß wir unser Heil in der deutschen Renaissance des sechzehnten und siebzehnten Jahrhunderts zu suchen haben. Doch können wir keine alte Dekorationskunst zurückgewinnen, es sei denn durch die innigste Hingabe an ihre Naturauffassung und Naturwiedergabe.

Das war 1886 das Glaubensbekenntnis weiter Kreise und ist es noch jetzt, 1894.

Aber seit 1886 ist die Situation wesentlich verändert. Der Vergleich mit der Entwicklung der modernen Malerei zeigt am schnellsten, in welchem Sinne.

Bis auf Makart herrschte das Vorbild der alten Meister. Natur wollten alle Bekenntnisse, aber nicht mit eigenen Füßen, naiv und unbefangen, sondern an der Hand der alten Meister. Darauf war die Erkenntnis aufgegangen – freilich erst, nachdem die Versuche der Anlehnung bei allen Epochen bis zum Rokoko mißlungen waren –, der Künstler habe vor der Natur zu vergessen, daß überhaupt schon etwas Gemaltes in der Welt sei.

Von dem Augenblick aber, wo die Maler das Joch der Alten abschüttelten, begann es zu dämmern, was heute die eingestandene oder uneingestandene Überzeugung vieler geworden ist, daß eine fruchtbare künstlerische Bildung vom Boden der eigenen Zeit auszugehen habe, und jetzt wollen wir die Alten von unserem Standpunkt aus betrachten und nicht die unseren vom Standpunkt der Alten.

In der Architektur und der angewandten Kunst (dem Kunstgewerbe) hat sich derselbe Prozeß vollzogen, nur etwas später, weil sie stärker an die Materie gekettet sind. Auf eine Periode absoluter Nachahmung folgte eine Zeit, die, wie Hirth es bezeichnet, durch die innigste Hingabe an die Naturauffassung und Naturwiedergabe vergangener Epochen neue Kunst schaffen wollte.

Das ist die Zeit, deren Empfindung Hirth am klarsten dargestellt hat, die Zeit des altdeutschen Zimmers.

Und nachdem die Malerei und die Plastik sich vom Banne der »ewiggültigen Vorbilder« befreit haben, bricht nun auch für die angewandten Künste die Zeit herein, die von unseren Bedürfnissen, von der frischen Empfindung für Farbe und Form ausgehen will, die wir selbst aus dem Studium der Natur gewonnen haben.

Noch ist sie in Deutschland erst als theoretische Erkenntnis da, die sich im Kampf nicht mit den alten Ideen, sondern mit den in ihnen erzogenen, von ihrer Anwendung lebenden Kunstgewerblern, Professoren und Direktoren von Kunstgewerbeschulen durchzusetzen hat. Der Anschluß der gewerblichen Produktion an die lebendige Kunst, der in England die beginnende Weltherrschaft der englischen Kunstindustrie vorbereitet hat, ist bei uns noch nicht zustande gekommen. Was für die Epoche, die er vertritt, schon Georg Hirth bedauert hat, gilt auch noch jetzt: »Die führenden Geister der Malerei üben nicht den geringsten Einfluß auf die angewandte Kunst.«

Hohe und angewandte Kunst leben unvermittelt, um nicht zu sagen im Kampf, nebeneinander, denn der schaffende Künstler lacht über unser Kunstgewerbe, und der Kunstgewerbler vergilt es ihm mit derselben Münze. Sie verstehen sich nicht.

Die theoretische Verschiebung des Standpunktes findet ihre praktische Ergänzung durch die veränderten Marktverhältnisse. Seit einem Jahrzehnt etwa ist England, seit 1893 Amerika als unser scharfer Konkurrent nicht nur auf dem Weltmarkt, sondern sogar auf dem heimischen Markt aufgetreten.

Die Sache hat sich langer Hand vorbereitet, und seit Jahren ist vor der Wahrscheinlichkeit gewarnt, daß wir uns in Bälde zu Haus unserer Haut zu wehren haben würden. Aber wer auf die drohende Gefahr hinwies, wurde von denen, die ein Interesse daran haben, daß die ausgefahrenen Geleise nicht verlassen werden, verdächtigt, er wolle Nachahmung des Auslandes predigen, oder gar für das Ausland Reklame machen. Das ist mir mehr als einmal begegnet.

Wenn man die unheilvollen Zeichen der Zeit aufzählt, fühlt man den Atem stocken. Es ist bekannt, daß unsere Gewerbemuseen grundsätzlich moderne Produkte nicht sammeln. Das erklärt sich leicht, solange unsere Industrie mit wenigen Ausnahmen die alten Vorbilder aus dem Besitz der Sammlungen nachahmt. Denn wozu die Kopie kaufen, wo man das Original besitzt? Nun aber machen dieselben Anstalten, die sich gegen die Aufnahme deutscher Produkte mit Recht ablehnend verhalten, in steigendem Maße Erwerbungen englischer, seit Chicago auch amerikanischer Waren. Mit den Bilderbüchern fing es schon vor Jahren an. Justus Brinckmann war einer der ersten, der die Bedeutung der Craneschen Kunst erkannte und die Bilderbücher des Meisters sammelte, die so viele neue und liebenswürdige ornamentale Gedanken und so viele feingefühlte Zimmerdekorationen und Möbel aller Art enthielten. Zahlreiche Museen sind ihm in Deutschland gefolgt. Später entdeckten wir die Tapeten und die in köstlichen neuen Mustern und Farben nach den Entwürfen hervorragender englischer Meister bedruckten Baumwollensammete für Vorhänge und Möbelbezüge, die ebenso reizvollen englischen Cretonnes für Schlafzimmerdekorationen und die leichten dekorativen Seidengewebe. Ein Berliner Kaufhaus versendet ganze Kollektionen dieser Stoffe an die deutschen Sammlungen, die ihnen einen Platz neben den Vorbildern aus alter Zeit einräumen. In den letzten Jahren haben vom Berliner Gewerbemuseum an die meisten Schwesterinstitute in Deutschland unter großem Beifall die Werke des englischen Malers und Zeichners für das Kunstgewerbe Walter Crane ausgestellt. Das Adreßbuch des Berliner Kunstgewerbevereins erscheint bereits mit einem Umschlag, den Professor E. Doepler im Stil Walter Cranes entworfen hat. Seit der Ausstellung in Chicago hat das Berliner Gewerbemuseum eine Sammlung amerikanischer Möbel, Fayencen, Silberarbeiten, Gläser, elektrischer Beleuchtungskörper, Tapeten, einfacher Schlösser und praktischer Geräte ausgestellt. Die letzte Berliner Kunstausstellung hatte zum erstenmal in ausgedehntem Maße auch künstlerische Möbel zugelassen. Neben den Berliner Erzeugnissen von zum größten Teil mehr als zweifelhaftem Verdienst – es waren ehrwürdige Ladenhüter darunter – forderten eine Unzahl frisch importierter amerikanischer Stühle zum Vergleich auf, über dessen Ausfall die starke Nachfrage nach amerikanischen Stühlen aufklärt.

Mehr noch. Ende der siebziger Jahre war Unter den Linden das Magazin für Berliner Kunstgewerbe eröffnet. Aus dem bescheidenen Anfang ist das großartige Kaufhaus in der Leipziger Straße geworden, ein riesiger Bazar. Aber das Berliner Kunstgewerbe ist aus seinen weitläufigen Hallen so gut wie ganz verschwunden.* Englische Möbel, amerikanische Möbel, englische Fayencen, englische Lampen, englische Stoffe, französische Bronzen. Und neben diesem großen Bazar, der für Millionen einführt, bestehen zahlreiche kleinere Geschäfte, die demselben Import obliegen und deren Umsatz nach Riesensummen zählt.

In Hamburg sagen die altrenommierten Dekorateure aus, sie lernten um, sie kämen ohne englische Ideen nicht mehr aus. Die großen Frankfurter Dekorateure sind längst auf demselben Wege. In den Münchener Jahresausstellungen sind den Deutschen zuerst die Prinzipien vorgeführt, nach denen die Engländer Wand und Decke behandeln, und Möbel in englischem Stil dienen als Ausstattungsgegenstände.

Sollten uns diese Tatsachen, die man verschleiern, aber nicht leugnen kann, nicht aufstacheln? Man pflegt, um sich vor einer Stellungnahme zu drücken, einzuwenden, daß das eine Mode sei, die komme und gehe. Auch dieser neuenglische Stil hat seine Zeit, gewiß. Es fragt sich nur, wer dann den ablösenden schafft, ob wir, ob wiederum die Engländer oder die Amerikaner.

Wenn wir den Markt im eigenen Lande nicht behaupten können, so werden wir gewiß den im Auslande nicht erobern und nicht halten. Daß wir ihn gerade für die vornehmsten Produkte der Industrie bisher noch nicht besaßen, wird niemand leugnen. Jetzt laufen wir Gefahr, auch für die mindere Ware der Konkur-

* Es ist der Zustand von 1894 geschildert. In dem Jahrzehnt seither hat Berlin die Episode Eckmann und van de Velde schon hinter sich!

renz weichen zu müssen, und zwar nicht nur im Auslande, sondern auch im Inlande. Trotz des Transportes und trotz des Zolles sind alle diese Dinge wegen ihrer Schlichtheit und Einfachheit billiger als deutsche Waren, denn die Engländer und Amerikaner haben den Stil gefunden, der durch die Massenherstellung durch die Maschine nicht zur Beleidigung wird.

Was nützt es, darauf hinzuweisen, daß zur rechten Zeit gewarnt ist? Wir wollen uns aber jetzt nicht dabei aufhalten, sondern lieber zu erkennen suchen, was wir tun sollen.

Es kann natürlich keine Rede davon sein, daß wir von heute auf morgen einen neuen Menschen anziehen. Die Engländer haben unter unendlich günstigeren ökonomischen Verhältnissen fünfzig Jahre Arbeit gebraucht, um erst die fremde Konkurrenz vom eigenen Markt zu verdrängen und nun siegreich in die Nachbarreiche einzudringen. Selbst in Paris äußert sich der Einfluß englischer Ideen bereits. Um dies Zeil zu erreichen, haben in England die Museen, die Schulen, die Fabrikanten und die Architekten *einem* Ziele zugestrebt, unterstützt von einer reichen kultivierten Gesellschaftsschicht, die ihre praktischen Bedürfnisse geltend machte und sich keine unbequeme Dekoration aufdrängen ließ. Aber das alles hätte nichts genutzt, wenn nicht die mächtige Bewegung in der Malerei und seit zehn Jahren in der Skulptur die große Quelle künstlerischer Kraft gewährt hätte. Das gibt der englischen Industrie die siegende Lebensfülle, daß die Motoren des Kleinbetriebes angeschlossen sind an die großen nationalen Kraftquellen künstlerischer Energie, die in den malerischen Begabungen hohen Ranges strömen.

Wir haben es gewiß seit den fünfundzwanzig Jahren energischer Reformen an Anstrengungen nicht fehlen lassen. An dem Webstuhl der kunstgewerblichen Produktion arbeiten der Architekt, der Fabrikant, der Zeichner, gestützt auf die Vorbilder in den Museen. Aber es fehlten zwei Faktoren: das künstlerisch erzogene, Bedürfnis empfindende Publikum und der Künstler. Die unendliche Arbeit des Malergeschlechtes, das jetzt ins reifere

Mannesalter tritt, ist der deutschen Industrie noch nicht zugute gekommen.

Wir haben also eine dekorative Kunst (Kunstgewerbe), das auf einem bei uns theoretisch, in England und Amerika praktisch überwundenen Standpunkt verharrt. In den größeren Städten haben die Gebildeten und Wohlhabenden die Neuheit, die praktische Brauchbarkeit und wohl auch die Schönheit der englischen und amerikanischen Möbel, Stoffe, Tapeten, Fayencen, Gläser erkannt und werden in beängstigend anschwellendem Umfang durch Importe damit versorgt. Schon beginnen die deutschen Industriellen mit der Nachahmung. Der frühere Vorkämpfer der Renaissance unter den Berliner Architekten hat sich in englischem Geschmack sein eigenes Haus eingerichtet.

Sollen wir dem Unheil seinen Lauf lassen? Sollen wir, ohne uns zu wehren, die englisch-amerikanische Invasion erdulden?

Und wenn wir die Flinte nicht ins Korn werfen wollen, was sollen wir tun?

Selbsterziehung

Vor einem Jahrhundert bot die Literatur den bevorzugten Stoff für die Unterhaltung. Das hat aufgehört. Heute spricht man über Musik, wenn auch nicht so ausschließlich wie früher, und es scheint die Reihe an die bildende Kunst kommen zu sollen.

Aber noch ist es eigentlich nur ein Vorgeplänkel. Die Unterhaltung pflegt sich um Allgemeinheiten zu drehen, um Kunst an sich, um Richtung. Wer die meist mit Brustton vorgetragenen Äußerungen vergleicht, wird mit Staunen wahrnehmen, daß fast alle, ohne sich dessen bewußt zu sein, wörtlich dasselbe sagen. Wir sind nicht gewohnt, für unsere Gedanken ein Ursprungszeugnis zu verlangen.

Wer es mit sich und der Welt ehrlich meint, sollte nie über Kunst reden. Kunst gibt es in Wirklichkeit gar nicht. Es gibt nur Kunstwerke.

Freilich ist es leicht, über Kunst zu reden, weil wir so viele fertige Phrasen darüber so oft gehört und gelesen haben, daß sie in unserem Gedächtnis haften wie Kletten im Haar und noch schwieriger daraus zu entfernen sind. Und so lange sie nicht herausgerissen sind, bleibt auch das Nachdenken ein fruchtloses Kombinieren von Formeln.

Wenn einer von denen, die eben noch mit Emphase über die Kunst, was sie soll, was sie muß, was er von ihr verlangt, geeifert hat – man wird in Deutschland leicht heftig, wenn man über Kunst redet: fragt die Franzosen, was dies Symptom bedeutet – wenn einer von den Soll- und Muß-Ästhetikern vor ein Kunstwerk geführt wird, dann pflegt er zu verstummen oder Dinge zu sagen, die ihm die Schamröte in die Wangen treiben würden, wenn er wüßte, was er sagte, denn er ist im Grunde nur ein Phonograph.

Über Kunst reden ist leicht, aber vor einem Kunstwerke vermag nur der ein nützliches Wort zu sagen, der die Leistung zu erkennen imstande ist. Und das ist sehr schwer, das kann nur der, der als Künstler nicht in der Routine, sondern in selbständigem Ringen mit der Erscheinung schafft, oder der als Kunstfreund durch langjähriges Studium der Kunst und der Natur sich in die Materie hineingefühlt hat. Denn alles kommt darauf an, ob der Beurteiler Qualität zu erkennen vermag.

Das Publikum sucht die Bestätigung des kritischen Vermögens bei sich und anderen freilich meist ganz wo anders: im Fehlersuchen, und es pflegt gar nicht zu merken, daß es sich damit im einzelnen Falle den Genuß verdirbt oder verderben läßt, in der Wiederholung die Genußfähigkeit überhaupt unterbindet. Genießen kann nur, wer sich mit ganzer Seele hingibt.

Denn bei aller Kunst handelt es sich um die Äußerung einer eigenartigen Persönlichkeit. Je stärker und origineller diese veranlagt ist, ein desto größeres Maß von Hingebung und Selbstvergessenheit erfordert sie vom Genießenden.

Keins der modernen Kulturvölker hat es so nötig wie wir Deutschen, daß der Einzelne an seine künstlerische Erziehung die Hand legt.

Das Ziel dieser Erziehung ist die Fähigkeit, Kunst zu genießen – oder, wie man früher sagte, Kunst zu verstehen.

Als das beste Mittel dürfen wir für die bildende Kunst so gut wie für die Musik den ernsten Dilettantismus betrachten.

Wohl verstanden den ernsten. Der oberflächliche, der sich bald zufrieden gibt, ist ein Hindernis und sollte erbarmungslos ausgerottet werden.

Neben dem Dilettantismus im engeren Sinne ist der sicherste Weg, Kunst fühlen zu lernen, die Tätigkeit des Sammlers. Wir wollen darunter namentlich den verstehen, der sein Interesse dem Leben seiner eigenen Epoche zuwendet. Wenn sich auch der hohe Wert von Sammlungen alter Kunst im Privatbesitz nicht verkennen läßt, erst die innige Berührung mit der Produktion der Gegenwart schafft Sammler, wie wir sie zur Förderung unserer lebendigen Kunst augenblicklich fast noch nötiger brauchen als Künstler.

Eine Scheidung zwischen Kunst und »Kunstgewerbe« erkennt unsere Generation nicht mehr an. Ein Bucheinband, eine Stickerei kann ebensogut Kunst enthalten wie ein Bild.

Wer es mit seiner Selbsterziehung ernst nimmt, mag als ausübender, als sammelnder, als bestellender Kunstliebhaber verfahren je nach Neigung und Vermögen: er wird sich und seinem Volke am besten dienen, wenn er sein Ziel hoch steckt und es mit ernstem Bemühen zu erreichen sucht.

Dies ist die Stellung, die wir für den ernsten Dilettantismus in Anspruch nehmen möchten.

Die landläufigen Vorurteile werden uns nicht beirren. Gewiß haben viele bedeutende Männer nicht ohne Recht sehr viel Herbes und Hartes über den Dilettantismus gesagt, und es läßt sich aus der Fülle der Schwächen und Torheiten, die ihm noch anhaften, ein Verdammungsurteil wohl begründen.

Aber den Bau dieser absprechenden Kritik wirft eine einzige Frage über den Haufen: glaubt irgend jemand, den Dilettantismus aus der Welt schaffen zu können?

Und würde, wenn es möglich wäre, den starken Trieb zur Betätigung durch das Raisonnement zu unterdrücken, etwas damit gewonnen sein?

Ist dies nicht der Fall, so gibt es vernünftigerweise nur die eine Möglichkeit, den Dilettantismus als vorhandene Kraft anzuerkennen, ihn gesund und stark zu machen und den Platz zu suchen, an dem er im wirtschaftlichen Leben der Nation dem Gesamtwohle dient.

Dilettantismus und Volkskunst

> Jedes reine Bemühen ist *auch* ein Lebendiges, *Zweck*
> *sein selbst*, fördernd ohne Ziel, nützend, wie man es
> nicht voraussehen konnte.   GOETHE

Einst gab es auch in unserem Volk ein starkes Kunstbedürfnis und
weitverbreitetes Kunstvermögen. Für die höheren Stände gehörte
die Vertrautheit mit allen Zweigen der Kunst und die Einsicht in
das Technische zur allgemeinen Bildung. Hätten Fürst und Aristokratie nicht mehr davon verstanden, als unser gebildeter Durch-
schnittsbürger, sie würden keinen Wert darauf gelegt haben, ihre
Umgebung künstlerisch zu gestalten, und sich in derselben Barbarei der Einrichtung wohlgefühlt haben, die heute die Regel bildet.
In vielen Fürstengeschlechtern mußte jedes männliche Mitglied
die Technik eines oder mehrerer Handwerke lernen, und die Da-
men standen ihnen nicht nach in der Ausführung künstlerischer
Handarbeiten. Bis in die untersten Volksschichten war die Freude
an künstlerischem Schmuck und an gediegener Technik verbreitet, und sie ging Hand in Hand mit einem oft ganz erstaunlich
entwickelten Dilettantismus. Der Bauer, der Schiffer, der Fischer
legten selber Hand an den Schmuck ihres Hauses und an die Herstellung von allerlei sinnig verziertem Möbel und Gerät, und eine
Bauerfrau unserer Marschen entwickelte in der Stickerei und We-
berei oft mehr Geschmack, als in sämtlichen Stickereigeschäften
einer modernen deutschen Großstadt vorrätig ist. Doch gilt dies
nur für die Landstriche, über die eine besonders energisch entwik-
kelte Stadtkultur ihr Licht ausstrahlte.

Aus der städtischen Kultur waren diese Tendenzen im Laufe
unseres Jahrhunderts verschwunden, die oberen Kreise hatten die

künstlerische Bildung des Auges aus ihrer Erziehung gestrichen, die unteren Schichten, die vom Lande rekrutiert werden, hatten aufgegeben, was sie etwa noch mitbringen konnten, ohne dafür Neues einzutauschen. Nur auf dem Lande war ein Nachglanz der alten Kultur erhalten geblieben.

Forscher, die dies entdeckten, konstruierten daraus den Begriff der Volkskunst, und Volksfreunde traten mit Bestrebungen auf, diese Volkskunst zu erhalten und womöglich neu zu beleben.

Das Entsetzen über die furchtbare Öde des Gefühllebens, in der breite Schichten unseres Volkes dahindämmern, ist sehr begreiflich. Aber sollte der Wunsch, den Leichnam der Volkskunst zu galvanisieren, irgendeine Aussicht auf Erfüllung haben?

Starke Zweifel sind nicht nur erlaubt, sondern geboten, denn lobenswerter Eifer und kostbare Kräfte und Mittel sind bisher umsonst aufgewandt worden.

Die ganz neuen ökonomischen Verhältnisse und die vorherrschenden politischen Bestrebungen entziehen vorläufig dem künstlerischen Dilettantismus in den unteren Schichten des Volkes den Boden. Und wären Muße und Wille da, so wäre es verkehrt, das Alte erneuern zu wollen. Es ist ohne Kraft, sonst würde es aus sich selbst neues Leben entwickeln. Und es ist verlorene Liebesmüh, neue Bildung von unten aufbauen zu wollen. Aller Fortschritt besteht darin, daß Einzelne einen höheren Typus vorleben und die Massen ihnen nachstreben.

In der Tat war ja die in den letzten Zügen liegende Volkskunst wie die dem gleichen Schicksal verfallene Volkstracht ein Niederschlag städtischer, aristokratischer Kultur.

Aber es sind neue Entwicklungskeime bereits vorhanden, deren Pflege eine neue künstlerische Kultur verspricht. Das ist der seit einem Jahrzehnt mächtig auflebende Dilettantismus der höheren Stände, der geradezu die Volkskunst unserer Zeit geworden ist.

In den Kreisen der Wohlhabenden allein finden sich heute die Bedingungen des Gedeihens, Muße, Mittel und Bedürfnis. Wenn der Dilettantismus gesundet, so kann – und muß – von ihm aus mit der Zeit die neue Volkskunst entstehen.

Ein wesentlicher Unterschied kennzeichnet den neuen Dilettantismus, der bereits alles hervorbringt, was früher die Volkskunst schuf.

Diese hatte ihre Wurzeln nicht nur im ästhetischen Bedürfnis, sondern ebenso tief im Wirtschaftsleben. Sie schuf Nutzwerte.

Was der moderne Dilettantismus fürs Haus hervorbringt, wäre durch die Kunstindustrie billiger herzustellen.

Er entspringt lediglich dem Betätigungstriebe und dem ästhetischen Bedürfnis, das selbst dort noch zu Grunde liegt, wo ein entwickelter Geschmack sich vor der Banalität, Geschmacklosigkeit oder Lächerlichkeit der Erzeugnisse entsetzt.

Seine Bedeutung liegt wesentlich in der Erziehung des Auges. Wer sich für Bucheinbände interessiert und seine Bibliothek geschmackvoll und originell binden läßt, der wird nicht nur auf diesem engen Gebiet seiner Liebhaberei Gut und Böse unterscheiden lernen, sondern ein offenes Auge für alle dekorativen Künste, und allmählich auch für die sogenannte hohe Kunst erlangen. Die Stickerei nach lebenden Blumen entwickelt die Empfindung für Farbe nicht nur in der Natur, sondern auch in der Kunst. Und wer ernsthaft als Maler oder Modelleur Naturstudien treibt, oder wer sich als Sammler in irgendein Gebiet der Produktion vertieft, dem wird es vor der Kunst wie Schuppen von den Augen fallen.

So kann der Dilettantismus im weitesten Sinne uns von der Routine befreien helfen, zu einer gesunden Kritik auf dem Gebiet der hohen wie der angewandten Kunst führen und dadurch einen wichtigen Hebel für die künstlerische und kunstgewerbliche Entwicklung bilden.

Wie notwendig es für uns Deutsche ist, alle, aber auch alle Kräfte anzuspannen, die zur Hebung der Qualität und der Originalität unserer künstlerischen und kunstgewerblichen Produktion führen, weiß jeder, der den Weltmarkt beobachtet. Was wir ausführen, ist wesentlich die billige Verschleißware, oder es sind Produkte, die von einer künstlerischen Erziehung des Auges unabhängig sind. Dieser Zustand kann nur so lange bestehen, bis die von uns kaufenden Länder die billigen Waren selber erzeugen oder anderswo noch billiger erwerben. In einem Menschenalter wird die Situation vollständig verändert sein, und nicht zu unserem Vorteil, wenn wir uns nicht unterdes selber geändert, d. h. künstlerisch erzogen haben.

Daß wir, sobald Leistungen höchsten Geschmacks gefordert werden, den Franzosen und Engländern noch nicht ebenbürtig sind, liegt nicht etwa an der geringeren Qualität unserer künstlerischen Talente, sondern an dem niedrigen Niveau der allgemeinen künstlerischen Bildung.

Kein Volk erhält von seinen Architekten und Kunsthandwerkern auf die Dauer mehr, als es zu begreifen und zu verlangen imstande ist. Die heißesten Bemühungen eines begabten und kultivierten Baumeisters pflegen bei uns, wenige Ausnahmen abgerechnet, an dem passiven oder aktiven Widerstande der unerzogenen Auftraggeber zu scheitern.

Lebten wir allein auf der Welt, so könnte der Banause, der selber kein Bedürfnis nach Kunst hat, mit einem Schein von Unwiderleglichkeit sagen: Kunst braucht eigentlich gar nicht zu existieren.

Aber während der Deutsche schläft, wachen und arbeiten seine Nachbarn.

Wenn er dann erwacht und gewahr wird, daß die Engländer, Amerikaner und Franzosen unterdes viele schöne und neue Dinge erzeugt haben, die das Leben schmücken, dann möchte er sie auch haben, kauft sie ihnen um schweres Geld ab und läßt seine eigenen Kunsthandwerker ganz einfach sitzen. Das ist die furchtbare Niederlage, die sich gerade jetzt in den größeren deutschen Städten vorbereitet oder schon vollzogen hat.

Alle Mann an Bord!

Zur Organisation des Dilettantismus

In Hamburg hat sich vor drei Jahren der Dilettantismus zu organisieren begonnen. Obgleich seither nur eine kurze Spanne Zeit verstrichen ist, läßt sich aus den Ergebnissen der Arbeit des kleinen Kreises, der die Führung übernommen hat, bereits erkennen, welchen Einfluß die Tätigkeit des Dilettanten ausüben kann, wenn er seine Sache ernst nimmt und sich gemeinnützige Aufgaben stellt.

Von zwei Gesellschaften geht die Arbeit aus, von der Gesellschaft Hamburgischer Kunstfreunde, die die Sammler, Kunstfreunde und die eigentlichen Dilettanten zusammenfaßt, und von der Gesellschaft zur Förderung der Amateurphotographie. Der Begründung dieser Gesellschaft ging eine Zeit der Propaganda voraus, in der die neuen Ideen durch öffentliche Vorträge und mannigfache Besprechungen verbreitet wurden.

Im Winter 1893–94 war die Bewegung soweit gediehen, daß die ersten größeren Unternehmungen ausgeführt werden konnten, eine internationale Ausstellung von Amateurphotographien, und eine lokale Ausstellung von Erzeugnissen des Dilettantismus. In beiden Fällen stellte die Kommission für die Verwaltung der Kunsthalle die Räume zur Verfügung, eine Vergünstigung, die dem noch nicht näher eingeweihten Publikum ohne weiteres klar zu machen geeignet war, daß es sich um eine Angelegenheit von öffentlichem Interesse handelte.

Beide Ausstellungen waren nach denselben Grundsätzen angelegt. Es hätte nahe gelegen, nur eine Auswahl des Allerbesten vorzuführen. Aber damit wäre weder für das Publikum noch für die Dilettanten etwas Rechtes erreicht worden. Denn daß einzelne Liebhaber es in der Photographie, im Zeichnen und in der Malerei zu tüchtigen Leistungen gebracht hatten, war ohnehin bekannt. Dagegen fehlte eine Einsicht in den Umfang und die Durchschnittsqualität der dilettantischen Produktion.

So sollten die Ausstellungen dazu dienen, an einem möglichst umfangreichen Material den Tatsachenbestand klarzulegen. Wer beim Durchschreiten der übervollen Räume, in denen sich die Mittelmäßigkeit breit und das Gute rar machte, nicht im Auge behielt, daß es sich um eine vorläufige Heerschau handelte, durfte sich kopfschüttelnd fragen, was das alles in den Räumen eines Museums zu tun habe.

Beide Ausstellungen führten an einer überwältigenden Fülle von Material den Beweis, daß in der Tat der Dilettantismus in der jüngeren Generation eine ganz ungeheure Verbreitung gefunden hatte. Und daß eine Organisation der meist resultatlos verpufften Kräfte vom volkswirtschaftlichen Standpunkt aus geboten sei, leuchtete nunmehr selbst denen ein, die mit dem mitleidigen Lächeln des Zweiflers die Ausstellungen betreten hatten.

Im Anschluß an die Kunsthalle haben die beiden Gesellschaften sich auf Grund der gewonnenen Erfahrungen ihre Aufgabe gesucht.

Die Gesellschaft zur Förderung der Amateurphotographie stellte als ihr Ziel die Pflege des künstlerischen Elements in der Photographie hin. Unter der Zahl der Aussteller erwählte sie aus allen Kulturländern die hervorragendsten Vertreter des Faches zu korrespondierenden Mitgliedern und hat seither alljährlich in zwei Sälen der Kunsthalle kleine streng gewählte Ausstellungen des Allerbesten veranstaltet, was in der ganzen Welt geleistet wird. Der Kongreß, der während der ersten Ausstellung stattfand, beschloß auf Vorschlag der Hamburger Gesellschaft, die zweite internationale Ausstellung in Deutschland 1896 in Berlin abzuhalten. Die ›Photographische Rundschau‹ erwählte den Vorsitzenden der Hamburger Gesellschaft zum Redakteur für den künstlerischen Teil.

Ein Hauptaugenmerk wurde auf die künstlerische Vertiefung der Bildnisphotographie, auch der des Berufsphotographen gerichtet. Denn so lange Publikum und Photograph im Bildnis durch Retouche und gar durch den Photokorrektor das Charakteristische umgehen oder unterdrücken, wird auch in der Bildnismalerei niemand die Wahrheit vertragen können. Bei der Kinderphotographie hat der Amateur bereits Wandel geschaffen. Das Kind wird von seiner Umgebung schärfer und besser, weil mit dem Herzen beobachtet, als der Erwachsene. Der Amateur ist in der Lage, viele Versuche machen zu können, um den Moment voller Unbefangenheit zu packen, und ist es ihm gelungen, so wird sein Erfolg bei den Angehörigen um so größer, je charakteristischer das Bildnis ausgefallen, und niemand denkt daran, Retouche von ihm zu verlangen. Der Berufsphotograph befindet sich dem Kinde gegenüber in einer sehr viel schwierigeren Stellung. Es fühlt sich fremd in den sonderbaren, ungewohnten Räumen des Ateliers, verliert seine lieblichste Eigenschaft, die Hingabe, und ein erfreuliches Ergebnis ist ein Glücksfall. Wenn die Retouche dann auch ein Engelsgesicht herstellt, das Herz der Eltern ist doch nicht ganz zufrieden. Die Berufsphotographen, deren Kundschaft den höheren Ständen angehört, klagen bereits ganz ernsthaft, daß das Kinderbildnis aus ihren Aufgaben zu verschwinden beginnt.

Daß sich durch die Tätigkeit des Amateurs ein Umschwung auch im Bildnis des Erwachsenen anbahnt, läßt sich ebenfalls beobachten. Es ist natürlich nicht daran zu denken, daß er etwa, wie beim Kinderbildnis, diesen Zweig an sich reißen könnte. Aber in Hamburg haben die Ausstellungen, die gerade von den hervorragendsten Berufsphotographen eifrig besucht werden, allerlei neue Gedanken bereits angeregt. In Zukunft dürfte der Berufsphotograph zwei Kategorien machen, eine künstlerische, die auf die Herausarbeitung des Charakteristischen ausgeht und auf verschönernde und verallgemeinernde Retouche verzichtet, und die herkömmliche, die damit in eine niedrigere Stellung gedrückt wird. Schon für das kommende Jahr hat die Gesellschaft zur Förderung der Amateurphotographie eine Ausstellung künstlerischer Bildnisaufnahmen von Berufsphotographen in Aussicht genommen.

Somit sind in der kurzen Zeit ihrer Tätigkeit wichtige Ziele erreicht. Die Hamburger Ausstellungen und die Ausstellung in Berlin haben in der deutschen Amateurphotographie dem künstlerischen Prinzip zum Durchbruch verholfen, sowohl was die Anschauung anbetrifft, wie in der technischen Behandlung. Vor 1894 herrschte in Deutschland fast unumschränkt das Albuminverfahren, seither sind die Mittel der Platinotypie und seit kurzer Zeit die künstlerisch noch unendlich ergiebigeren Gummidrucke allgemein aufgenommen, die an Vornehmheit des Tons mit der Radierung wetteifern.

Berufsphotographen haben formell anerkannt, daß die Zukunft auch in der Bildnisphotographie den künstlerischen Grundsätzen gehört, und die photographische Literatur hat auch in Deutschland seither sich bewußter als vor 1893 der Pflege künstlerischer Anschauung zugewandt.

Allgemein wird zugestanden, daß die ganz unberechenbaren Summen an Zeit und Geld, die in der Beschäftigung mit der Amateurphotographie aufgewandt werden, einen ernsten wirtschaftlichen Verlust für unser Volk bedeuten, wenn sie nicht in den Dienst der künstlerischen Erziehung gestellt werden.

Wie für die Arbeit des Einzelnen oder der Vereine neue Aufgaben gefunden sind, soll mit einem Hinweis auf die historische Wichtigkeit der Aufnahme alter Baudenkmäler der Hamburger Gesellschaft und des Braunschweiger Vereins und auf das mit eigenen Aufnahmen illustrierte Werk von Dr. Linde über den Sachsenwald nur angedeutet werden.

Umfassender noch waren die Absichten der Gesellschaft Hamburgischer Kunstfreunde. Während die Amateurphotographen sich auf den Standpunkt der Internationalität stellten und es sich angelegen sein ließen, die Deutschen mit der hohen Entwickelung der Amateurphotographie in den übrigen Kulturländern vertraut zu machen, beschränkten sich die Kunstfreunde mit voller Absicht im Prinzip auf Hamburg. Zu ihren Ausstellungen werden nur Einheimische zugelassen, und alle ihre Bestrebungen gelten dem künstlerischen Leben der nächsten Heimat.

Auch hier bildete die Veranstaltung von kleinen gewählten Jahresausstellungen das nächste Augenmerk. Diese Ausstellungen umfassen alles, was der Liebhaber Artistisches hervorbringt auf dem Gebiet der Zeichnung, Malerei, Bildhauerei und der dekorativen Künste. Ebenso, was er nach eigenen Angaben vom Buchbinder, dem Goldschmied oder von der Kunststickerei herstellen läßt. Die Wirkung dieser Ausstellungen macht sich bereits deutlich fühlbar, den Dilettanten ist ein Ziel gesetzt, das Publikum bezeugt durch eifrigen Besuch ein lebhaftes Interesse. Überraschend ist, wie sich auf allen Gebieten das Niveau gehoben hat.

Von dem Einfluß der Ausstellungen auf die Arbeiten der malenden und zeichnenden Dilettanten ist schwer eine Vorstellung zu geben, er ist ganz außerordentlich groß. Man hört in Deutschland vielfach die Behauptung, Dilettanten dürften nicht ausstellen. Warum nicht, hat mir niemand klar machen können.

Die Ausstellungen von Dilettantenarbeiten sollen nicht der Eitelkeit dienen, sondern ein Mittel sein, die Torheiten und Irrtümer des Dilettantismus zu bekämpfen. Auch der Dilettant kann sich nicht entwickeln ohne Kritik, vor allem nicht ohne Selbstkritik. Was seine Arbeit wert ist, sieht er nicht so leicht zu Hause im Kreise seiner Familie und Freunde, wo seine Werke allein auftreten, sondern viel schneller in der Ausstellung, wo sie mit den Leistungen aller Gleichstrebenden verglichen werden können. Obendrein bietet ihm das Bewußtsein, daß er am Ende des Jahres öffentlich aufzutreten und für seine Arbeiten einzustehen hat, Sporn und Ziel. Es ist ganz augenfällig, daß die

Hamburger Ausstellungen in diesem Sinne schon gewirkt haben.

Die Erkenntnis drängte sich von selber auf, daß der Dilettant seine Kraft überschätzt, wenn er sich aufs Bildermalen verlegt. Sein Gebiet ist die Studie.

Die Bedeutung
der Amateurphotographie

Am Sonntag, den 8. Oktober, hielt der Direktor der Kunsthalle im Makartsaal auf Anregung des Vereins von Amateurphotographen in Hamburg einen Vortrag über die Bedeutung der Amateurphotographie. Das Interesse des Publikums offenbarte sich durch den großen Andrang. Viele Besucher mußten in den Gängen stehen. In den ersten Reihen saßen die Delegierten der auswärtigen Vereine, die den Amateurphotographenkongreß beschickt hatten.

»Die Amateurphotographie«, so führte der Vortragende aus, »ist der jüngste Zweig am Baum dilettantischer Kunstübung. Erheblich älter in England und Frankreich zählt er in Deutschland kaum ein Jahrzehnt kräftigen Gedeihens. Den etwa 40 Vereinen in Deutschland stehen deren 400 in England gegenüber.

Bei dieser Lage kann ein Urteil über die Leistungen und die Bedeutung der Amateurphotographie auf einer noch so vollständig beschickten Ausstellung der deutschen Vereine nicht gewonnen werden. Der Verein unserer Amateurphotographen hat deshalb, den Wettkampf mit den in vielfacher Beziehung günstiger gestellten ausländischen Fachgenossen nicht scheuend, seine erste Ausstellung auf internationaler Grundlage aufgebaut. Wir wollen es ihm Dank wissen, denn gerade in jüngster Zeit sucht sich bei uns eine chauvinistische Stimmung geltend zu machen, die in dem Vergleich unserer Leistungen mit denen des Auslandes eine Gefahr sieht. Es ist ja durchaus richtig, daß seit langer Zeit das Studium des Auslandes uns zur Nachahmung verleitet hat. Aber es hieße die gewonnene nationale Kraft unterschätzen, wenn wir uns jetzt gegen jeden Vergleich mit dem Ausland sträuben wollten. Die unbefangene Würdigung der Leistungen unserer Nachbarvölker wird am sichersten zur Erkenntnis unserer starken wie unserer schwachen Seiten führen, wenn wir uns nur immer bewußt bleiben, daß wir nicht wieder in den alten Fehler der Nachahmung verfallen dürfen, sondern zu entwickeln haben, was an Besonderem und Eigenem in uns liegt. Wie gefährlich uns die Scheu vor der Selbstkritik gerade in der Epoche werden kann, in der wir gewisse Kulturbesitztümer erst zu erwerben haben, die unsere glücklicheren Nachbarn in einer nie unterbrochenen Tradition und einem von Katastrophen, wie wir sie erlebt, verschont gebliebenen Anwachsen alter Wohlhabenheit verdanken, das sollten wir immer im Auge behalten.

Aus diesen Erwägungen ist die Ausstellung hervorgegangen, und diese Erwägungen haben ihren Charakter bestimmt. Nicht eine Eliteausstellung war geplant, die von einem Dutzend deutscher Aussteller einige Perlen und die höchsten Leistungen einer doppelten oder dreifachen Zahl von Ausländern zu einem blendenden Gesamteffekt vereinigt hätte. Bei dieser ersten wirklich internationalen Ausstellung auf deutschem Boden sollte nicht allein gezeigt werden, was wir können, sondern auch was wir nicht können. Die Aufnahmejury hat deshalb nur das gänzlich Verfehlte zurückgewiesen.

Das Prinzip der Ordnung nach Ländern ergab sich aus diesen Prämissen von selber. Ein Gang durch die Ausstellung lehrt nun unmittelbar: Was leistet die Amateurphotographie im Jahre 1893 in Amerika, in Italien, in Frankreich, in England, in Berlin, in Hamburg, in Frankfurt.

Wir dürfen wohl sagen, es war Zeit, daß uns einmal ein umfassendes Bild entrollt wurde.

Überall im Publikum – viele Künstler und Fachphotographen eingeschlossen – war ein Vorurteil gegen die Amateurphotographie lebendig. Man nahm die neuen Bestrebungen nur selten ernst und sah sie etwas von oben herab wie eine Spielerei an, die mit der Mode kommt und geht.

Das jugendliche Alter der deutschen Amateurphotographie erklärt diese Abneigung nicht ganz. Die letzte Ursache für die gleichgültige und oft feindselige Stimmung gegen die Amateur-photographen liegt in dem Mißtrauen und der Verachtung, mit der wir Deutsche uns jede Form des Dilettantismus anzusehen gewöhnt haben.

Unser Bildungswesen ist so straff angezogen, daß man schon beim ersten Schulgange des Knaben die Richtung bestimmt, nach der sein Lebensweg führen soll. Es wird dem Heranwachsenden schwer, ja oft unmöglich, diese Richtung zu verlassen, bis er schließlich in das starre Geleise der Fachbildung einlenkt und nun nicht mehr rechts noch links ausweichen kann, ohne daß es für ihn oder andere zu einer Katastrophe kommt. Wenn einem freien Volke diese neue Kasteneinteilung plötzlich aufgezwungen würde, so müßte sich jeder Einzelne wie von eisernen Banden umschnürt und des Atems beraubt vorkommen. Wir fühlen es nicht, denn wir sind es langsam gewohnt geworden. Fast nur in Hamburg hat man sich freiere Lebensformen bewahrt.

Das war die notwendige Folge vieler Ursachen, unter denen die Spezialisierung auf dem Gebiet der Wissenschaften eine der wirksamsten war. Gegenwärtig zerfällt die gebildete Klasse unseres Volkes in lauter scharf gegliederte Kasten, die sich innerlich und äußerlich fernstehen, die zu einer neuen Typenbildung geführt und damit der kulturellen Einigung Deutschlands starke Dämme entgegengesetzt haben. Der Deutsche existiert noch nicht in dem Sinne, wie es einen Engländer gibt. Wer in eine englische Gesellschaft tritt, wird den Männern sehr schwer ihren Beruf ansehen. Die gleichmäßige äußere Kultur, jenes starke Bollwerk der englischen Nationalität, das wir meist so gründlich verkennen, hat alle äußeren Unterschiede verwischt. Bei uns sieht man den Offizier, den Philologen, den Beamten, den Juristen, den Techniker, den Künstler, aber noch nicht den Deutschen. Und jeder dieser Stände hat sich, so viel er erwischen konnte, von dem Zunftgeiste und Zunftwesen bemächtigt, das die unteren Stände aufgegeben haben. Jeder unserer Stände ist eine starkbefestigte und wohlverteidigte Burg, in die nur ein einziges, eifersüchtig bewachtes Tor führt, das des staatlich geregelten Bildungsganges.

Jeder Versuch, auf anderm Wege in die Kunst oder in die Wissenschaft einzudringen, wird zunächst unbarmherzig zurückgeschlagen.

Dilettant, Dilettantismus sind im Munde derer von der Zunft zu Schimpfworten geworden. Frauen verzeiht man dilettantische Beschäftigung, Männern nie.

So konnte es kommen, daß in unserer deutschen Bildung das Element des Dilettantismus verkümmert ist – ganz läßt es sich selbst durch den Hohn und Spott derer vom Bau nicht ausrotten, dazu ist der Trieb der Tätigkeit zu stark. Denn der Dilettantismus will immer auf ein Können hinaus, und Können ist seliger als Wissen.

Wie viel Lebensfreude die Beschränktheit des Kastengeistes mit dem Dilettantismus zugleich zerstört hat, das wollen wir nicht untersuchen, denn es läßt sich nicht ermessen. Aber das geistige Leben eines großen Teiles der gebildeten Gesellschaft droht zu veröden, Kunst und Wissenschaft sind auf den Staat angewiesen, seit der Dilettantismus auf den Index gesetzt ist. Wo findet die Wissenschaft ein so opferfreudiges Entgegenkommen im Dilettantismus wie in Amerika oder in England?

Dabei ist die eigentliche Bedeutung jedes ernsthaften Dilettantismus noch gar nicht in Anschlag gebracht. Er gehört zu den stärksten der treibenden Mächte in der Volkswirtschaft.

Die innere Sicherheit und Festigung, zu der die zunftmäßige Behandlung der Wissenschaft geführt hat, macht unsere Stärke und Überlegenheit anderen Nationen gegenüber aus. Deutschland ist der Hort der exakten Wissenschaftlichkeit geworden, neben der Musik, dem Militärwesen ist unsere wissenschaftliche Methode fast das einzige, was man uns auswärts nachahmt. Aber diese Strenge und Sachlichkeit des zur Vorherrschaft gelangten Spezialistenwesens läuft Gefahr, durch ihren exklusiven Charakter zur Versteinerung zu führen. Der deutsche Gelehrte der jüngeren Generation verzeiht sich und anderen keine Abschweifung. Und so exakt und gewissenhaft er arbeitet, so einseitig pflegt er sich zu entwickeln. Er zieht seinen Wagen auf festem Geleise und trägt dazu noch Scheuklappen.

Und wie in der Wissenschaft geht es in jedem anderen Beruf, der eine strenge Schulung voraussetzt. Auf eine Generation bahnbrechender freier Geister, die neue Ideen und neue Bildung schaffen, pflegt ein Geschlecht systematisierender Begabungen zu folgen, die mehr nur mechanische Arbeit leisten. Fast auf allen Gebieten ist unsere Epoche wesentlich mit der Weiterführung begonnener Arbeit beschäftigt, und darin liegt überall eine Gefahr akademischer Erstarrung.

Zu solchen Epochen bildet die freie Betätigung der Kräfte im Dilettantismus eine treibende Macht neben der Arbeit des Fachmannes, wie wir denn überhaupt eine große, fast die größte Zahl der ganz neuen, umgestaltenden Ideen im letzten Grunde kühnen, durch akademische Schulung nicht eingeengten Begabungen verdanken. Wie oft hat der Fachmann, der die Schwierigkeiten zu gut kennt, einer neuen Idee gegenüber behauptet, das geht nicht, und wie oft hat sich das Gegenteil herausgestellt! Beispiele sind jedem so geläufig, daß ich keins anzuführen brauche.

Jede ernsthafte Form des Dilettantismus sollte deshalb aus volkswirtschaftlichen Gründen mit Freuden begrüßt werden. So auch die Amateurphotographie. An dem Studium unserer Ausstellung werden wir sehen, wie weit das Vorurteil der Fachleute berechtigt ist, der Künstler, die bisher vielfach der Ansicht waren, daß künstlerische Auffassung der Natur sich durch den photographischen Apparat schlechterdings nicht wiedergeben lasse, der Fachphotographen, die den technischen Leistungen des Amateurs mißtrauen. Eins möchte ich gleich von vornherein betonen: Die wissenschaftlichen Vertreter der Photographie an den Hochschulen stehen unbedingt auf der Seite der Amateure, von denen sie für ihre Wissenschaft die kräftigste Unterstützung erfahren.

Der Standpunkt unserer Untersuchung kann nur der volkswirtschaftliche sein. Wir haben uns zu fragen: was leistet diese neue Form des Dilettantismus für sich und im Gewebe unseres Wirtschaftslebens?

Nach zwei Seiten kann die Amateurphotographie ihren Einfluß äußern, nach der technischen und nach der künstlerischen.

Nach beiden Richtungen ist der Amateurphotograph freier und deshalb leistungsfähiger als der Berufsphotograph. Er hat keine Rücksicht auf den Erwerb zu nehmen, kann sich ein hohes Ziel setzen und es jahrelang unbeirrt verfolgen. Erlauben es ihm seine Mittel, so kann er technisch experimentieren, wie es selten einem Berufsphotographen vergönnt ist, und über die Dinge, die er darstellen will, ist er unbedingter Herrscher, während der Berufsphotograph, durch tausend Rücksichten gebunden, machen muß, was ein fremder und gegenwärtig meist verbildeter Geschmack von ihm verlangt.

Für unsere Betrachtung ist die künstlerische Tätigkeit des Amateurphotographen die weitaus wichtigere. Es möge deshalb genügen, zu betonen, daß die Technik dem Amateurphotographen wichtige Bereicherungen verdankt, ja, die wichtigste von allen, die Herstellung der Trockenplatten. Ursprünglich hatte der Photograph für jede Aufnahme die Platte durch das sogenannte nasse Verfahren eigens herzustellen. Das war nicht nur ungemein zeitraubend und beschwerlich, sondern es lähmte auch die künstlerische Vertiefung in das darzustellende Objekt. Erst als durch die Bemühungen des englischen Amateurs Dr. med. Maddox die Trockenplatte gewonnen war, d. h. eine im voraus präparierte, leicht und sicher zu behandelnde Platte, konnte der Photograph sich bei der Aufnahme ganz ungehindert dem Studium seines Gegenstandes hingeben.

In Deutschland wird das künstlerische Element der Amateurphotographie, das uns in erster Linie interessiert, noch vielfach geleugnet, namentlich in Künstlerkreisen. Unsere Ausstellung hat für Hamburg in den acht Tagen seit ihrer Eröffnung bereits einen neuen Standpunkt gegeben. Selbst wer an die Arbeiten hiesiger und auswärtiger Amateure mit einem wohlgenährten Vorurteil herantrat, hat vor dem Augenschein die Segel streichen müssen. Das ist eine Erfahrung, die die Herren vom Comité jeden Tag von neuem machen.

Da die Amateurphotographie noch so jung ist, läßt sich auf einer Ausstellung wie der unsrigen noch der Entwicklungsprozeß verfolgen, namentlich auf dem Gebiet der Landschaft, dem hauptsächlichen Übungsfeld der Amateurphotographen.

Wenn der Amateur anfängt, hat er mit dem Technischen zu kämpfen. Es wird zunächst sein Ziel, eine möglichst scharfe, gleichmäßige Aufnahme zu erzeugen. Sein Ehrgeiz ist befriedigt, wenn er alles, was zu sehen war, klar und deutlich bis in die kleinsten Details auf die Platte bringt, so daß man jedes Laub am Baum und jeden Stein auf dem Wege nachzählen kann. Die Wahl des Standpunktes pflegt mehr oder weniger zufällig zu sein, oder aber sie ist aufdringlich und absichtlich. Sein Interesse kommt über das ›Was‹ nicht hinaus, es ist wesentlich auf die Erzählung und Aufzählung gerichtet. Deshalb sucht er das Inhaltreiche, Mannigfaltige, an sich Interessante, Vielgestaltige.

Allmählich pflegt sich dann bei künstlerisch Veranlagten die Vorliebe andern Stoffen zuzuwenden. Es wird das einfache Motiv gesucht und ein Standpunkt, von dem es als eine Einheit empfunden wird. Nicht eine ganze Landschaft mit ihrem mannigfaltigen Inhalt wird auf die Platte gebracht, sondern einer der charakteristischen Bestandteile, ein Feld, ein Kanal, eine Wendung des Baches, ein Weg mit Bäumen, statt des ganzen Dorfes das einzelne Haus oder Gehöft, wobei die Umgebung höchstens den Hintergrund bildet. Der Amateur lernt ein Motiv herausgreifen und den Rest weglassen oder unterordnen.

Damit verbindet sich der weitere Fortschritt vom bloßen Was zum Wie der Dinge. Die gleichmäßige Schärfe und Exaktheit der Objekte vom Vordergrund bis zur Ferne bleibt nicht mehr das oberste Ziel. Der Amateur lernt seinen Apparat dem Auge anpassen, das nur die wenigen Dinge, auf die es sich einstellt, scharf und klar erkennt, während die Umgebung allmählich verschwimmt. Das Gefühl für Raum und für Verhältnisse ist erwacht, und nun sucht der Amateur nach technischen Methoden, der durchgehenden Glattheit, Gleichmäßigkeit und Schärfe zu begegnen und den klaren Körpern im Vorder- oder im Mittelgrunde die verschwimmende Ferne, oder den als einheitliche zurückschiebende Masse empfundenen Vordergrund unterzuordnen. Aus der Ansicht ist damit das Bild geworden. Und während er zuerst das Sonnenlicht, die Helligkeit vorzog, beginnt der Amateur nun, an dem Leben der Atmosphäre Lust zu empfinden und sich in die Luft- und Lichtstimmungen zu vertiefen. Seine Wahl wird immer kritischer. Während er zu Anfang von einem Ausflug mit Stolz so viel Aufnahmen mitbrachte, wie überhaupt möglich war, kehrt er jetzt lieber mit leeren Händen heim, statt ein Motiv aufzunehmen, das ihn nur halb befriedigt. Und statt einer vagen Sehnsucht nach Gegenden, die vor anderen für schön gelten, nachzugeben, vertieft er sich in seine nächste Umgebung, die er genau kennt und liebt. Mit Argusaugen verfolgt er die Bewegung des Wetters, und klopfenden Herzens zieht er aus, um ein Motiv, das er in günstiger Stimmung wähnt, zur rechten Zeit zu packen.

Und nun schafft er Bilder, die auch dem Künstler zu empfinden geben. Professor Lutteroth hat bei seinem Toast auf die Amateurphotographie ausgesprochen, daß sein Künstler- und Landschafterherz beim ersten Gange durch unsere Ausstellung vor Freude höher geschlagen habe.

Daß dies in großen Zügen die Entwickelung der Landschafterei in den Händen der Amateurphotographen ist, bestätigt ein Gang durch die Ausstellung, bestätigt das Urteil jedes Amateurs, der besondere Leistungen aufzuweisen hat.

Es ist derselbe Weg, den die Landschafterei in der Kunst gegangen ist. Auch hier hat sie bei der unendlichen Liebe zum exakten, wahrnehmbaren Detail begonnen, bei der Freude am Erzählen, bei der Vorliebe für das Ferne, Epische, beim Studium der Dinge und ist allmählich zum Gefühl für Raum und Verhältnisse, zum Studium der Farbe, des Lichts und der Luft vorgedrungen.

Auch ein unmittelbarer Zusammenhang zwischen der Landschaftsauffassung des Amateurs und des Malers läßt sich nachweisen. Ein französischer Amateur sieht in der Landschaft, was seine Künstler zuerst in ihr entdeckt haben, vor der Aufnahme eines englischen Amateurs kommen uns die Namen englischer Maler auf die Zunge. Es dürfte dem Eingeweihten kaum möglich sein, das Blatt eines Pariser Amateurs mit dem eines Berliner oder Londoner zu verwechseln. Auch in der Amateurphotographie gibt es nationale Schulen.

So wäre denn etwa die Amateurphotographie nur ein Anhängsel an die Malerei, von ihr geleitet und bestimmt?

Keineswegs. Der begabte Amateur steht der Natur auf eigenen Füßen gegenüber. In meinem eigenen Bekanntenkreise habe ich beobachten können, wie selbständig die Entwickelung des Amateurs zu denselben Resultaten kommt, die in der hohen Kunst zu Tage treten. Bei einem Hamburger Amateur habe ich Aufnahmen gesehen, die sich im Prinzip absolut decken mit den Studien eines großen deutschen Landschafters, die dessen Mappe nie verlassen haben.

Und hiermit sind wir zum Kernpunkt unserer Frage nach dem künstlerischen Wesen der Amateurphotographie angelangt.

Ist der photographische Apparat als Ausdrucksmittel für die künstlerische Individualität anzusehen? Denn das haben wir ja nachgerade erkannt, in aller Kunst kommt es auf den Ausdruck der Persönlichkeit an. Objekt, Richtung sind ganz gleichgültig.

Die Erfahrung, die wir als Preisrichter gemacht haben, beantwortet die Frage mit Ja. Schon beim ersten Gang durch die Räume hatten sich uns gewisse Physiognomien fest eingeprägt. Die Aufnahmen eines Eickemeyer, Bucquet, Dreesen, Lange, Arning, Böhmer, Ohlendorff, Rau, Pinkernelle, um nur einige Charakterköpfe herauszugreifen, lassen sich miteinander nicht verwechseln. Einer der Preisrichter meinte sehr treffend: wie bei Handzeichnungen und Ölbildern könnte man sagen: das ist ein Eicke-meyer, das ist ein Arning, das ist ein Böhmer.

Somit hat die Erfahrung den Beweis für die Möglichkeit er-bracht, daß die Photographie als künstlerisches Ausdrucksmittel dienen kann. Der Amateur kann ein Künstler werden, der statt zu zeichnen photographiert.

Es ist damit nicht gesagt, daß der Kunst nun nichts mehr zu tun bleibt, daß die Photographie nur noch farbig zu werden brauche, um die Kunst überflüssig zu machen. Dafür ist sie selbst im aller-günstigsten Falle zu abhängig von ihrem Objekt. Ihr Feld ist ein sehr beschränktes gegenüber dem unermeßlichen Reich der Kunst, und ihre Darstellungsmittel sind zu einförmig gegen die zahllosen Mittel der Malerei. Wir müssen uns mit der Erkenntnis begnügen, daß die Photographie innerhalb ihrer durch das Mate-rial bedingten Schranken doch künstlerische Ziele erreicht hat.

In ganz neuem Licht erscheint uns nun die Bedeutung der Ama-teurphotographie vom volkswirtschaftlichen Standpunkt. Der am Studium gebildete Amateur hat ein anderes Verhältnis zur Kunst als der absolute Laie, denn er tritt an das Bild mit eigener Erfah-rung. Es wird noch immer viel zu selten begriffen, daß niemand die Kunst verstehen kann, der die Natur nicht kennt. Es ist schon viel geleistet, wenn bei uns ein Besucher der Ausstellungen und Museen die Kunst aus der Kunst kennt. Freilich ist das im letzten Grunde eine Art Händlerwissen, das die Qualitäten eines Kunst-werkes aus ähnlichen Gesichtspunkten beurteilt wie die Güte einer Ware. Wer nur an Kunstwerken und nicht zugleich durch das Studium der Natur erzogen ist, weiß einen guten von einem weniger bedeutenden Andreas Achenbach zu unterscheiden, denn er weiß, wie ein guter Achenbach aussehen muß, nachdem er es einmal erfahren hat. Damit ist aber sein Wissen so ziemlich zu Ende. Und doch ist bei uns dieses Verständnis der Kunst aus der Kunst noch die Ausnahme. Wir glauben in Deutschland vielfach, Kunsterkenntnis ließe sich aus Büchern schöpfen. Häufig sagen mir Frauen und Männer aus gebildeten Kreisen, sie möchten sich gern mit der Kunst beschäftigen, da sie in ihrer Bildung die Lücke empfänden, ich sollte ihnen doch ein Buch empfehlen, sie möchten gern etwas Vernünftiges über Kunst lesen. Und wenn ich ihnen dann rate, lieber gar nicht zu lesen, sondern womöglich nach der Natur zu zeichnen, zu malen oder zu modellieren und dabei aufmerksam alle ihnen zugänglichen Originalwerke der bedeutendsten Meister zu studieren, dann pflegen sie zu erschrecken und ungläubig zu lächeln, denn ihr Glaube an die Allmacht und Allwissenheit des gedruckten Wortes ist zu tief gewurzelt.

Künftig werde ich ihnen nun auch den Weg der Amateurphotographie empfehlen können, denn ich habe schon seit längerer Zeit die Beobachtung gemacht, daß der Amateur ein frisches und empfängliches Gemüt besitzt und mit ganz andern Augen an ein Kunstwerk herantritt, als der noch so belesene Kenner der Kunstgeschichte.

Der Amateur scheint mithin berufen, in der Umgestaltung unserer Bildung neben dem malenden Dilettanten eine große Rolle zu spielen. Was uns fehlt, ist die Erziehung des Auges, die auf das schmählichste vernachlässigt wird. Wir haben zu lange ein einseitig geistiges Leben geführt. Unser Auge hat keine Bedürfnisse. Wie sieht es in Deutschland noch immer in der häuslichen Umgebung selbst geistig Hochstehender aus? Was für Nahrung bieten die illustrierten Blätter? Es fehlt uns in Deutschland nicht an Künstlern, hat Menzel einmal gesagt, wohl aber an Kritik. Damit hat er natürlich nicht die Nörgelei des Unverstandes gemeint, der im Brustton der Überzeugung tönende Phrasen in die Diskussion wirft, ohne zu ahnen, wovon eigentlich die Rede ist, sondern jene fruchtbare Kritik, die auf eigener, selbsterworbener, nicht angelernter Kenntnis der Sache beruht, eine Kritik, die Respekt hat vor jeder wirklichen Leistung, weil sie sie zu erkennen vermag.

Wollen wir ein Geschlecht solcher einsichtiger Kritiker erziehen, so müssen wir den Dilettantismus in der bildenden Kunst pflegen so gut wie in der Musik. Schon vor Jahren habe ich die Forderung erhoben, daß wir für die Ausstellungen ein Publikum haben müßten, das auf der Grundlage eines gesunden Dilettantismus von der bildenden Kunst so viel begriffen hat, wie das Dilettantenpublikum in unsern Konzertsälen von der Musik.

Darauf erst können wir unsere industrielle Produktion bauen, die trotz aller Fanfaronaden und trotz alles Kopf-in-den-Sand-Steckens das Höchste so lange nicht leisten kann, wie das deutsche Volk mit Blindheit geschlagen bleibt.

Wir dürfen fortan den ernsthaft seine Liebhaberei pflegenden Amateurphotographen zu den Dilettanten in diesem Sinne rechnen. Außer dem Maler und Zeichner lernt niemand die Natur lieben und verstehen wie er, und er wird wie jeder Dilettant nicht nur für sich, sondern für seine ganze Umgebung lernen. Ein tüchtiger Dilettant ist der anregendste Lehrer für seine Familie und seine Freunde, selbst wo er sich dessen gar nicht bewußt wird.

Für die künstlerische Erziehung der Hamburger kann die Amateurphotographie noch eine besondere Bedeutung erlangen, weil die Mehrzahl der Amateure vorwiegend auf das Studium der Heimat angewiesen ist. Das gibt eine ganze Schar hingebender Beobachter unserer Landschaft, und die unerschöpflichen Schätze, mit denen unsere Stadt und ihre Umgebung begnadet sind, werden in den Amateuren ihre unermüdlichen Ausleger finden. Auch darin dienen sie der Kunst. Denn heute noch hat es für viele Hamburger etwas Überraschendes, zu hören, daß sie auf dem malerisch reichsten und vielseitigsten Fleck deutscher Erde wohnen. Noch hat die Kunst kaum erst angefangen, sich dieses Besitzes zu bemächtigen. Wer durch den Saal der Hamburger Amateurphotographen geht und die zahllosen Aufnahmen aus unserer Gegend sieht, dem wird das Wort auf die Lippen kommen, das mir vor Jahren ein hervorragender französischer Künstler sagte, dem ich Hamburg zeigte: Wer malt denn das bei Euch?– So kann der Amateur dem Geschmack der ganzen Bevölkerung die Wege weisen helfen. Denn wenn erst einmal die Hamburger erkannt haben, was sie besitzen, dann werden sie sich auch sehnen, es von der Kunst verklärt zu sehen.

Die Kommission für die Verwaltung der Kunsthalle braucht nach diesen Andeutungen ihr Eintreten für die Amateurphotographie nicht erst weitläufig zu rechtfertigen. Daß in weiteren Kreisen des Publikums verwundert gefragt werden würde, wie kommt die Kunsthalle dazu, ihre Räume einer harmlosen Spielerei zu öffnen, ließ sich voraussehen. Aber ebenso sicher konnte die Kommission darauf rechnen, daß die Ausstellung ihren Freunden die Augen öffnen würde. Sie hat sich nicht getäuscht.

Auf das Verhältnis der Amateurphotographie zur Natur näher einzugehen, soll einem folgenden Vortrag vorbehalten bleiben. Ebenso muß ich die mannigfachen Dienste, die die Amateurphotographie der Wissenschaft leisten kann, hier unerörtert lassen. Nur auf einen Punkt möchte ich zum Schluß noch hinweisen, der mir für unsere Lokalgeschichte von hohem Wert erscheint.

Wir haben einen tätigen Museumsverein, der seit Jahren bemüht ist, die Materialien zu einem Museum für Hamburgische Geschichte zusammenzubringen. Naturgemäß sucht er zunächst zu retten, was an Werken und Dokumenten der Vergangenheit übrig geblieben ist. Aber er hat sein Auge auch auf den Tag gerichtet, denn was am Morgen geschehen, ist am Abend bereits Geschichte.

Wenn sich eine Verständigung zwischen dem Amateurphotographenverein und dem Museumsverein erzielen läßt, so könnte im Museum für Hamburgische Geschichte ein Material an Photographien aus den Aufnahmen der Amateure gesammelt werden, das einen ganz einzigen Schatz bilden würde. Nicht nur ließe sich festhalten, was an Altertümern seiner Natur nach nicht im Original Gegenstand des Sammelns sein kann, sondern vor allem könnte ein Bild unserer Zeit festgehalten werden, wie wir es aus früheren Epochen nicht haben. Nach einem einfachen System könnte der Zustand unserer Stadt und Umgebung in ihrem beständigen Wechsel dargelegt werden, unsere Tracht, unser Volks- und Gesellschaftsleben, es könnten Erinnerungen an Ereignisse im öffentlichen Leben und die Bildnisse hervorragender Männer und Frauen in unmittelbarer Wiedergabe der Erscheinung festgehalten werden. Der Amateurphotographenverein bietet seinerseits die Hand und hat zu dem heutigen Vortrag den Vorstand des Museumsvereins eingeladen. Möge die Verständigung die Früchte tragen, die wir davon erwarten dürfen.«

Zu dem Vortrag war eine Ausstellung besonders hervorragender Werke von Amateurphotographen im Makartsaal veranstaltet. Es war hie und da schwer, die Betrachter zu überzeugen, daß wirklich nichts weiter als eine Photographie vorlag und nicht etwa ein Werk der reproduzierenden Menschenhand.

Bildnismalerei und Amateurphotographie
Vortrag in der Gesellschaft zur Förderung
der Amateurphotographie

Das gewöhnliche Arbeitsfeld der Amateurphotographen ist die Landschaft.

Es liegt jedoch ein anderes wichtiges Gebiet vor ihm, das er seltener und mehr zum Scherz zu betreten pflegt, wo wir jedoch, was für die Landschaft nicht so unmittelbar Geltung hat, seine Hilfe ernstlich brauchen.

Das ist die Bildnisphotographie.

Die Bildniskunst hat durch die Photographie einen schweren Schlag erlitten. Weite Gebiete, wie die der Radierung, des Kupferstiches, der Lithographie, sind seit dem Aufkommen der Photographie verödet. Die Miniaturmalerei ist so gut wie gänzlich zugrunde gegangen, die Ölmalerei wesentlich eingeschränkt.

Im Dienste eines unerzogenen Publikums, das sich unter allen Umständen schmeicheln lassen will, hat die Bildnisphotographie allmählich auf die Kunstmittel, die in ihrem Bereich liegen, verzichten müssen. Die alten Daguerreotypien pflegen sehr viel künstlerischer zu sein als die neuesten Aufnahmen. Alle Anstrengungen einzelner Berufsphotographen sind dagegen bei uns nicht aufgekommen. Und die Wahrheit, der das Publikum in der Photographie aus dem Wege gegangen ist, hat es allmählich auch in der Bildniskunst zu ertragen verlernt. Es verlangt jetzt auch vom Künstler, was es beim Photographen durchgesetzt hat: Schmeichelei.

Unsere Gesellschaft zur Förderung der Amateurphotographie hat die Pflege des Bildnisses auf ihr Programm gesetzt.

Der Erfolg wird davon abhängen, wie weit sich die arbeitenden Mitglieder in ihre Aufgabe vertiefen.

Dazu gehört das Studium des gesamten Gebietes der Bildnis-kunst, soweit die Dokumente vorliegen. Die Aufgabe unserer Zeit läßt um so schärfer sich formulieren, je besser wir erkannt haben, worin frühere Epochen ihr Ziel gesucht und wie sie es erreicht haben.

Die Bildnismalerei ist immer Dokument, selbst wo sie es nicht sein möchte. Sie kann nichts verhüllen und nichts verbergen. Jede Größe und jede Schwäche des Geschlechtes, dem sie dient, muß sie an den Tag bringen. Die Geschichte der Bildnismalerei ist wesentlich Kulturgeschichte. Sie lehrt uns am unmittelbarsten, was jedes Geschlecht war oder was es scheinen wollte. Deshalb kann von einer Entwickelung der Bildnismalerei nicht die Rede sein. Es findet im Grunde kein Fortschreiten, keine Steigerung statt, sondern ein immer wiederholtes Abbrechen und wieder von vorn Beginnen. Jede Generation hat ihr eigenes Ideal und sucht es mit eigenen Mitteln auszudrücken, und jede kommt soweit, wie ihre Kraft und Kultur reicht.

Die neuere Bildnismalerei beginnt mit der Morgenröte der heutigen Kultur fast gleichzeitig in Italien und im Norden. Am interessantesten sind die Anfänge in der blendenden nordischen Renaissance der Niederlande zu Anfang des fünfzehnten Jahrhunderts. Der erste Bildnismaler, der die äußersten Grenzen seiner Kunst ermessen hat, ist Jan van Eyck.

Er löst die Gattung aus dem epischen Gesamtkunstwerk des Altarbildes los. Auf seinem berühmten Genter Altar ist das Bildnis noch gebunden. Stifter und Stifterin knien im Gebet vor ihren Schutzpatronen. Das Bildnis des Kanzlers Rolin im Louvre und das herrliche kleine Mönchsbildnis im Berliner Museum sind in die ideale Sphäre der Legende gerückt. Rolin kniet in einem herrlichen Turmgemach vor der thronenden Madonna, und hinter ihnen öffnet sich der Altan auf die großartigste Landschaft, die je gemalt wurde. Auf dem Berliner Bilde besucht ein Karthäusermönch die Jungfrau in ihrem himmlischen Schloß. Die heilige Barbara, seine Schutzpatronin, stellt den Knienden der Himmelskönigin vor, die mit dem Christkind auf dem Arme gerade auf den Altan heraustritt. Durch die grauen Bogen lacht wieder eine herrliche Landschaft herauf. – Feierlich stehen auf dem Londoner Bildnis des Arnolfini, des Agenten der Medici in den Niederlanden, Braut und Bräutigam in ihrem reichen Gemache nebeneinander, und in beteuernder Gebärde hält der ›Mann mit den Nelken‹ in Berlin das Symbol der Treue in der Hand. Selten erscheint ein so einfaches, feines, studienartiges Motiv, wie auf dem Porträt des Arnolfini in Berlin. Man sieht, das Bildnis ist etwas Neues, bedarf noch der Motivierung.

Hundert Jahre später malt Holbein seinen Kaufmann Georg Gisze des Berliner Museums. Er steht in seinem Kontor, umgeben von allen Geräten, die ein Kaufmann braucht, sogar die Kugel mit dem Bindegarn mangelt nicht. Der Hintergrund religiöser Beziehungen fehlt vollständig. Der Dargestellte ist nicht emporgehoben über sein alltägliches Leben, sondern im Gegenteil bildet das Bildnis die Synthese seiner bürgerlichen Existenz.

Aber noch ist die volle Freiheit nicht gewonnen, man sieht auf den ersten Blick: das ist einer, der sich hat porträtieren lassen. Ganz frei wird das Bildnis trotz der großartigen Schöpfungen der Nürnberger, Augsburger, Mailänder und der Florentiner wohl erst in Venedig.

Ein typisches Beispiel bildet das Selbstbildnis Tizians in der Berliner Galerie. Da sind die Glieder gelöst. Wie sich der Mann hält, wie er blickt, wie die Finger auf den Tisch trommeln, das ist völlig ungezwungen. Der Geschilderte ist nicht für den Maler oder den Beschauer hingesetzt, sondern wie mit sich allein. Nicht umsonst wurde Tizian der erste große Typus des internationalen Fürstenmalers, der in Venedig wie ein Großer Hof hält und mit den Gewaltigen der Welt auf gleichem Fuße verkehrt.

Aus den Religionskämpfen und den politischen Wirren, die daraus hervorgingen, war zu Anfang des siebzehnten Jahrhunderts eine veränderte Situation in Europa geschaffen. Die neuen Zentren der künstlerischen Produktion lagen nicht mehr in den einzelnen vlämischen und süddeutschen und italienischen Städten und noch nicht in Paris und London, sondern in den Niederlanden und in Spanien, die miteinander die großen Kämpfe geführt hatten.

Ein wunderbares Bild bieten die Niederlande. Der belgische Teil war von den Spaniern behauptet, hier setzte die katholische Reaktion ein und führte unter der machtvollen Persönlichkeit eines Rubens zu einer neuen Blüte der Kunst.

Und nebenan, kaum ein paar Meilen entfernt, erhob sich fast um dieselbe Zeit die erste ganz moderne künstlerische Bewegung, die erste im Wortsinn profane, das heißt außerhalb der Kirche erwachsene Kunst, die der Holländer.

Wie in allen anderen Gattungen, drückt sich der Kontrast auch im Bildnis aus. Bei Rubens und van Dyck, den reisenden internationalen Hofmalern, die die Großen ihrer Heimat und ganz Europas malten, dominiert der Aristokrat mit dem schmalen Gesicht und den schmalen langen Händen alter Rasse. Die Stellung ist elegant vornehm, fast herausfordernd, und streift gelegentlich an Pose. Es ist fraglich, ob die Menschen wirklich alle so gut stehen und sitzen konnten, und ob sie so schöne Hände so absichtlich zur Schau trugen. Selten gehen die Maler, wie bei einigen vornehmen Frauenbildnissen und denen befreundeter Künstler, ins Intime. Aber vornehmere Bildnisse sind nicht gemalt worden.

Zur selben Zeit trug Holland eine Bildniskunst ganz anderer Art. Niemals ist das Bildnis so sehr ein Lebensbedürfnis weiterer Volkskreise gewesen, niemals hat es eine ähnliche Fülle von Motiven entwickelt.

Die Holländer haben zuerst den ganzen Kreis der Möglichkeiten umschrieben, vom Gruppenbildnis, das Dutzende von Männern in Lebensgröße vereinte, vom Familienbildnis bis zu den kleinen Kabinettstücken von Terburg und den Miniaturen, die als Schmuck getragen wurden. Das zweite Haupt der Schule, Franz Hals, war ausschließlich Bildnismaler, und das umfassende Genie der Schule, Rembrandt, vertiefte auch das Bildnis, wie in dem wunderbaren ›Six am Fenster‹. Es ist sehr lehrreich, dieses Werk mit dem Gisze von Holbein im Berliner Museum zu vergleichen. Six steht lesend mit dem Rücken gegen die Fensteröffnung gelehnt, um mit dem Schriftstück, das er studiert, das letzte Abendlicht auszunutzen, das über ihn hinwegflutend in den Ecken des vornehmen Gemachs verdämmert. Das Bildnis ist hier so sehr Bild geworden, daß es in unserem Jahrhundert in Meissoniers Lesenden und Schreibenden eine ganze Serie von Variationen erzeugen konnte.

Vom Anfang des sechzehnten Jahrhunderts her läßt sich die Charakterentwicklung der Holländer in den Bildnissen studieren, von der bürgerlichen Gebundenheit in Haltung und Zügen, durch die leidenschaftliche Männlichkeit der Periode des Freiheitskampfes zu dem klassischen Gleichgewicht aller Kräfte des Gemütes und des Geistes um die Mitte des siebzehnten Jahrhunderts bis zur Verfettung der glattrasierten »Erben« zu Anfang des achtzehnten Jahrhunderts. Pose, Schönfärberei, verwaschende Idealisierung kennt der Holländer nicht, solange er unbeeinflußt bleibt.

Fast um dieselbe Zeit führte die Blüte des Bildnisses unter Velázquez in Spanien unter ganz anderen äußeren Bedingungen zu ähnlichen Resultaten.

Die spanisch-vlämisch-holländische Epoche der europäischen Kunst wurde durch die französische unter Ludwig XIV. abgelöst. Ein neuer Mensch bildete den Gegenstand einer neuen Kunst.

Der Mensch war nicht der unabhängige Aristokrat der Rubenszeit, nicht der Fürst und Grande des Velázquez, nicht der stolze Bürger des freien Hollands, sondern der Höfling, den Ludwig und seine Minister aus dem französischen Adel geschaffen hatten, ein Geschlecht, das nur an der künstlerischen Ausprägung der Persönlichkeit arbeitete, das wie in goldenen Käfigen in seinen Gemächern gefangen saß, dessen Lebenszweck das Wort Auftreten bezeichnet, die vornehmste Dekoration des fürstlichen Hofhalts, und als solche in Tracht und Gebaren ganz auf das Schaugepräge zugeschnitten. Hohe Hacken, wallende Perücke, Spitzen, seidene Röcke, Schmuck und Edelstein – lauter Dinge, die der Holländer um 1650 aus seiner schwarzen Tracht verbannt hatte – näherten die Tracht des Mannes der Damentoilette. Und so wurde auch das Bildnis ein Repräsentationsstück, Repräsentation macht den Inhalt des Bildnisses wie des Lebens aus.

Das achtzehnte Jahrhundert geht einen Schritt weiter: es malt die Herzoginnen und Marquisen halbnackt in Wolken als Diana oder Venus, denn das Leben, das ausgedrückt werden sollte, war ein üppiges Spiel geworden.

In der Revolution wurde dieses Geschlecht hinweggefegt. Der fürstliche Zuschnitt des Lebens verbürgerlichte sich, und damit hatte die Kunst eine neue Unterlage. Kurze Zeit wurde dieser bürgerliche Zug durch das heroische Intermezzo des ersten Kaiserreiches unterbrochen, das auch dem Bildnis seinen Stempel aufdrückte.

Unterdes hatte in der zweiten Hälfte des achtzehnten Jahrhunderts die englische Kunst sich erhoben und in den Bildnissen Sir Joshua Reynolds und Gainsboroughs das herrliche, hochkultivierte, selbstbewußte Geschlecht der englischen Aristokratie, die schönste Rasse der heutigen Kulturwelt, geschildert, bei ersterem in freier Anlehnung an alte Vorbilder, bei letzterem mehr aus selbständigem Gefühl.

Aus der Perspektive kommender Jahrhunderte dürfte das unsere in der Bildniskunst nur in sehr vereinzelten Erscheinungen sich zur Höhe der älteren Epochen erheben. In England, wo die Kultur überhaupt von Erschütterungen und Verschüttungen, die die Länder des Kontinents betroffen haben, verschont geblieben, hat das Bildnis ununterbrochen seinen Ehrenplatz behauptet. Frankreich hat das Bildnis ebensowenig vernachlässigt. Aufgegeben wurde es von der großen Kunst nur in Deutschland zu der Zeit, als Cornelius und seine Schule herrschten. Und noch heute hat es sich von dieser Vernachlässigung nicht erholt, denn die Pflege des Bildnisses im Staats- und Familienleben war unterbunden, und für den geringen Bedarf sorgte nur ausnahmsweise ein großer Künstler. Das Bildnismalen ist zur Spezialität geworden.

Dies kann nur da ohne Schaden für die Kunst geschehen, wo der Bildnismaler monumentale Aufgaben findet, wie Franz Hals in seinen Regentenstücken. Wer nur Brustbilder und höchstens Knie-stücke zu malen hat, der läuft Gefahr zu erstarren. Bei den Hollän-dern war das Bildnis unbedingt die führende Kunstgattung, und da wir im wesentlichen denselben Boden unter den Füßen haben, so müßte es diesen Rang auch bei uns einnehmen. Es müßte in dem-selben Sinne ein künstlerisches Problem sein, wie die Landschaft und das Historienbild – letzteren Ausdruck im weitesten Sinne genommen. Das Bildnis sollte unter allen Umständen wieder Bild werden. Wie zur Zeit von Holbein, Tizian, Rubens, van Dyck, Rembrandt, deren Bildnisse mindestens gleichen Rang mit ihren Historienbildern behaupten, müßte es den Ehrgeiz aller führenden Künstler ausmachen, dem Bildnis seinen Rang als vornehmste Kunstgattung wieder zu erobern. Freilich macht die Zerfahrenheit, in der wir unsere Künstler aufwachsen lassen, das geringe Maß von Können, das wir auch bei hohen Begabungen schon als selbstver-ständlich hinzunehmen pflegen, die ersten Schritte überaus schwierig.

Das Gebiet der Möglichkeiten für das moderne Bildnis ist unend-lich. Die religiöse Malerei, die Geschichtsmalerei, die Genremale-rei haben ihre Zeit. Das Bildnis großen Stiles ist von Zeitströmun-gen unabhängig, und es dürfte die ihm zukommende Führerrolle bald wieder übernehmen. Dazu bedarf es aber nicht nur der Künst-ler, sondern eines Staates, der sich seiner selbst bewußt ist und das Bedürfnis hat, sich auszudrücken, dazu bedarf es eines kultivierten Publikums, das Aufgaben stellt, nicht bloß Aufträge gibt. Diese Elemente aber fehlen uns, während der Künstler immer da ist.

In der zweiten Hälfte des neunzehnten Jahrhunderts war bei uns die Photographie das eigentliche Ausdrucksmittel der Bildnis-kunst, soweit von Kunst dabei überhaupt die Rede sein kann. Die Photographie hat die Lithographie, die Radierung, den Kupferstich aus dem Bildnisfach verdrängt und das Ölgemälde ernsthaft einge-schränkt. In jeder größeren Stadt leben Dutzende von Photogra-

phen in so glänzenden äußeren Umständen, wie sie der Bildnisra-
dierer, -lithograph oder -maler und der Künstler überhaupt nur
sehr ausnahmsweise erreicht. Die ungeheuren Summen, die unser Volk alljährlich für Bildnisphotographien ausgibt, würden im
Dienste eines gebildeten Geschmackes genügen, eine Blüte nationaler Kunst hervorzurufen.

Wenn dereinst eine spätere Zeit die zufällig der Vernichtung
entgehenden Bildnisphotographien unserer Zeit als Dokumente
für unsere künstlerische Gesinnung auslegen wird, kommen wir
schlecht weg. Man wird zu dem Schlusse berechtigt sein, daß wir
in künstlerischen Dingen ein feiges, fades Geschlecht gewesen
seien, mit dem Bedürfnis nach Pose, nach flauer, inhaltloser
Schönheit, ohne eine Spur von Empfindung für Charakter. Man
wird uns die kühnen Bildnisse der älteren Epochen gegenüberstel-
len und nicht begreifen, daß ein Geschlecht so tief sinken konnte,
wie wir, wenn doch so viel ernste und große Kunst schon in der
Welt war. Die Kunsthistoriker des einundzwanzigsten Jahrhunderts werden ihren Schülern die Eigenschaften der gemalten Bildnisse aus unserer dann so weit zurückliegenden Epoche zu erklären suchen, indem sie ihnen unsere Photographien zeigen. Kann
man denn von einem so barbarischen Geschlecht erwarten, daß es
vom Künstler etwas wie die Wahrheit verträgt? Die Gewohnheit,
sich vom Photographen schmeicheln zu lassen, stand beim Publikum dem Künstler überall im Wege.

Und um den Schülern begreiflich zu machen, wie groß der Abstand ist, der ein naiv und künstlerisch empfindendes Zeitalter von
der Epoche des ausgehenden neunzehnten Jahrhunderts trennt,
wird der Professor seinen Schülern eine Photographie von van
Eycks Bildnis des Mannes mit den Nelken vorlegen, in die er die
»etwas freundlichere« Auffassung hinein und aus der er alle Spuren des Alters herausretuschiert hatte. Und die jungen Leute werden in ein fröhliches Gelächter ausbrechen und sich zum Spaß
einige Holbein, Hals und Rembrandt auf das Niveau unserer Zeit
herabretuschieren.

Um aber die jungen Leute vor Überhebung zu bewahren, wird ihr Lehrer sie dann auf einige ernste Künstler des ausgehenden neunzehnten Jahrhunderts aufmerksam machen, deren Gewissen sich gegen die Konvention aufgebäumt hat, wie in seinen Männerbildnissen Lenbach im Anschluß an die Alten, auf neuen Pfaden Liebermann, Uhde, Hans Olde und Leopold Graf Kalckreuth.

Wie diese Meister den modernen Menschen aufgefaßt haben, so muß es auch der Liebhaberphotograph versuchen.

Sie rücken ihn nicht ins Heroische, sie suchen ihn nicht als Fürsten oder Aristokraten zu drapieren, sie geben ihm nicht eine wehmütige, weltschmerzliche, lyrische oder romantische Pose, sondern sie suchen das menschliche Wesen schlicht und einfach auszudrücken. Sie verschönern ihn auch nicht, weil sie wissen, daß jeder Versuch dazu sie von ihrem eigentlichen Ziel ablenkt.

Typisch für diese Auffassung ist das letzte Bild Kaiser Wilhelms I. von Lenbach, das bei unserem durch die Photographie verwöhnten Publikum zunächst Entsetzen erregt: Wir wollen ihn in seiner Jugendkraft, sagen sie, nicht so alt und in sich zusammengesunken. Und dann sehen sie gar nicht erst auf die klugen, sinnenden Augen, die mehr als alle anderen Augen der Welt gesehen haben, nicht auf die natürliche Haltung, die nur diesem einen Körper gehört.

Typisch dafür sind die Bildnisse Liebermanns, vor allem das von Bürgermeister Petersen, das die ehrwürdige Gestalt zeigt, wie sie dem unbefangenen Beobachter entgegentrat, und Kalckreuths Bildnis seiner Frau.

Aber gelten diese und die gleichstrebenden ernsten Künstler – mit Ausnahme Lenbachs – unserem Volke überhaupt als Bildnismaler?

Daß dem nicht so ist, dafür müssen wir die Gewöhnung an die Photographie mit verantwortlich machen.

Es wird niemandem einfallen, gegen die Photographie anzukämpfen oder den Umfang der Tätigkeit unserer Photographen einschränken zu wollen. Das wäre ein Kampf mit Windmühlen. In allen Kreisen ist das Bedürfnis nach oft wiederholten Aufnahmen vorhanden und läßt sich nicht ausrotten, selbst wenn damit etwas Wesentliches gewonnen wäre.

Aber etwas anderes ist möglich: die Bildnisphotographie künstlerisch zu vertiefen.

Den Anstoß dazu dürfen wir nicht von dem Berufsphotographen erwarten, wenn auch einzelne ernsthafte Bestrebungen anerkannt werden müssen. Er ist als Geschäftsmann von seinem Publikum abhängig und muß es machen, wie es verlangt wird.

Hier muß der Amateurphotograph einsetzen, der ganz unabhängig ist. Von ihm verlangt niemand Retusche, und er kennt die Menschen, die er aufnimmt, besser als der Photograph seine Kunden kennen kann, die nur in Sonntagskleidern zu ihm kommen. Fürs Kinderbildnis hat er schon Bresche gebrochen. Wenn allmählich das Publikum durch die neue Auffassung der Photographie an die Wahrheit gewöhnt worden ist, wird es auch in der Kunst den Mut der Persönlichkeit wieder finden.

Aber um diese wichtige Funktion ausüben zu können, muß der Amateurphotograph sich selber zunächst erziehen. Eine genauere Kenntnis der Bildniskunst der vergangenen Epoche kann ihm dabei nicht schaden, wenn er sich vor der Imitation historischer Bildnisse hütet und seine Anregung bei den Meistern sucht, die unserem Gefühle am nächsten stehen, bei Tizian, Velázquez, Franz Hals, und schließlich vor allem bei Rembrandt, der ihn zur Intimität führen wird, dem höchsten Ziel, zu dem sich der Amateur hinaufarbeiten kann.

Der Deutsche der Zukunft
*Schlußworte am
ersten Kunsterziehungstage*

Als vor zwanzig Jahren vereinzelte Stimmen eine Ausbildung auch der künstlerischen Anlagen des deutschen Volkes forderten, sind sie ungehört verhallt. Vor einem Jahrzehnt erweckten die ersten Schriften über die Erziehung der künstlerischen Kräfte neben lebhafter Zustimmung bereits heftigen Widerspruch. Und im ersten Jahr des neuen Jahrhunderts machte sich unter den zahlreichen Vorkämpfern der neuen Gedanken nun das Bedürfnis nach einer persönlichen Aussprache fühlbar, dessen Ergebnis die Dresdner Tagung ist. Es erscheint nicht überflüssig, auf die Grundgewalt hinzuweisen, mit der dieselben Gedanken in so vielen Köpfen selbständig und zur selben Stunde ans Licht traten, um dann in so vielen Herzen und an so vielen Orten den Willen zur Tat zu entzünden.

Wir haben das Problem der künstlerischen Erziehung vom Standpunkt des Erziehers, des Volkswirts und des Künstlers so eingehend verhandeln hören, daß es geboten scheint, den Standpunkt in der Nähe mit einem weiteren Abstand zu vertauschen, damit sich uns die Größenverhältnisse nicht verschieben. Denn wer aus nächster Nähe beobachtet, wird in der Wiese einen Urwald zu sehen Gefahr laufen.

In Wirklichkeit bedeutet die künstlerische Erziehung doch nur eine Provinz in dem großen Reich der Gesamterziehung unseres Volkes, für die wir neue Grundlagen zu suchen und auszubauen die Pflicht haben.

Die Forderung nach einer künstlerischen Erziehung tritt nicht als eine vereinzelte Erscheinung auf, sie ist von der ersten Stunde untrennbar verbunden mit dem gleichzeitig – etwa um die Mitte der achtziger Jahre – deutlicher formulierten Ruf nach einer sittlichen Erneuerung unseres Lebens. Die beiden Gebiete sind nicht zu trennen. Aus den Jahrhunderten der Armut und Beschränktheit, der Hörigkeit und Knechtschaft nach innen und außen haften dem Wesen des Deutschen so viel beklagenswerte Züge an, daß wir als politisch und wirtschaftlich vorangekommenes Geschlecht mit Ruhe und Entschlossenheit nicht nur an die erbarmungslose Ausrottung alter Fehler, sondern vor allem an die Entwicklung aller zurückgebliebenen edlen Kräfte zu gehen haben. Kein Beobachter kann dies Streben nach neuer Bildung im deutschen Volk verkennen. Es ist einer der Grundzüge der Erhebung des vierten Standes, es bewegt die Frauenwelt und hat bisher nur die oberen Schichten des Bürgertums noch kaum berührt.

Wir wollen uns an dieser Stelle jedoch nicht damit aufhalten, die Fehler und Mängel aufzuzählen, die wir ablegen müssen, noch ein Verzeichnis der guten Eigenschaften anlegen, die wir am Deutschen der Zukunft entwickelt sehen möchten. Viel wichtiger ist es, die Mittel und Wege zu untersuchen, die uns für einen Einfluß auf die Ausgestaltung unseres Volkstums zu Gebote stehen.

Schriftliche und mündliche Belehrung darf nicht unterschätzt werden. Aber sie tut es nicht allein. Nachhaltig wirkt nur das Beispiel eines vom neuen Geist erfüllten Lebens.

Dies Beispiel kann jeder Beliebige in seinem Kreise geben, auf die Allgemeinheit können jedoch nur die Träger der organisierten Lebensmächte wirken.

Im achtzehnten Jahrhundert wurde die Denkweise und Lebensführung der Deutschen durch die Kirche, den Hof, die Universität und die zunftartigen Körperschaften wesentlich mitbestimmt.

Nach den Jahren des Überganges zeigten sich im neunzehnten Jahrhundert Aufbau, Zusammensetzung und Wirkungsgebiet der wirkenden Kräfte von Grund aus verändert. Der Kirche, die früher unmittelbar jede Gesellschaftsschicht und jeden einzelnen mit tausend Fäden umspannt hielt, haben sich einzelne, haben sich ganze Gesellschaftsschichten entzogen. Die zugleich geistliche und weltliche Oberherrschaft ist ihr nicht erhalten geblieben. Der

Hof steht nicht mehr als maßgebend für Lebensauffassung und Lebenshaltung im Mittelpunkt der neuen bürgerlichen wie früher der aristokratischen Gesellschaft. Er ist selbst in vielen Stücken verbürgerlicht. Die Zünfte sind aufgelöst worden. Von den alten Mächten hat nur die Universität als Schöpferin der alles beherrschenden Wissenschaft im neunzehnten Jahrhundert einen erheblichen Zuwachs an Macht und Ansehen erhalten. Um die Mitte des Zeitabschnitts hatte sie fast hohenpriesterliche Geltung.

Aber andere Lebensmächte haben sich neben ihr erhoben, von denen im achtzehnten Jahrhundert nichts oder doch nur die Keime vorhanden waren. Die politische Partei, die Presse, die Erhebung und politische Organisation des vierten Standes, die Frauenbewegung und als Folge der Schulpflicht und Wehrpflicht Schule und Heer.

Alle diese Faktoren haben fühlbaren Einfluß auf die Bildung des Deutschen der Zukunft. Aber die Kirche, die politische Partei, die Presse, die Organisation des vierten Standes und der Frauenbewegung wirken doch nur auf einzelne Kreise oder auf Teile des Volkes. Mittelbar oder unmittelbar bestimmend für alle stehen nur die Universität, die Schule und das Heer da. Ihre Träger, der Professor, der Lehrer, der Offizier, bilden festgeschlossene Stände mit eigener Überlieferung und eigenem Standesideal. Und sie wirken nicht nur auf Kreise und Teile, sondern auf alle Stände, und nicht aus der Ferne und unpersönlich durch das Wort, sondern unmittelbar durch das Vorbild ihrer lebendigen Persönlichkeit.

Diese drei Stände, der Professor, der Lehrer und der Offizier, die unsere Lebensauffassung und Lebensführung allein durch ihre Allgegenwart stärker beeinflussen als selbst die Kirche, deren Vertreter in größere Ferne gerückt sind, haben in keinem anderen Volk dieselbe Stellung und Bedeutung. Ein Blick auf die Lage in England offenbart die gründliche Verschiedenheit der Lebensgestaltung. Dort setzt erst jetzt etwas wie Schulpflicht ein, dort hat der Offizier nur mit einem verschwindenden Bruchteil des Volkes zu tun, dort herrscht als bestimmendes Vorbild noch immer die

Aristokratie. Der höchste Typus, den der Engländer hervorgebracht hat, der einzige, den das ganze Volk anerkennt, der Gentleman, d. h. ursprünglich der Landedelmann, ist aristokratischen Ursprungs und vermittelt in allen Ständen die aristokratische Anschauung und Überlieferung.

Was wir an guten Eigenschaften des Charakters, an Kräften und Fähigkeiten für den Deutschen der Zukunft erstreben, wird ihm am sichersten und schnellsten übermittelt, wenn es der Professor, der Lehrer und der Offizier durch ihr Beispiel ihm vorleben.

Um die Mitte des neunzehnten Jahrhunderts, das sich als Neubegründer, als Vollender aller Wissenschaften fühlte, genoß in Deutschland die Universität als Hüterin und Mehrerin des kostbarsten aller Schätze eine fast religiöse Verehrung, und der Stand des Professors bildete eines der Lebensideale des deutschen Volkes. Der Professor war der vornehmste Held im Roman, ein Gefäß aller äußeren und inneren Vollkommenheiten. Gegen das Ende des Jahrhunderts war eine Verschiebung eingetreten, die – im Roman – den Offizier und den Künstler und – im Leben – den Techniker, den Industriellen, den Kaufmann in den Vordergrund gerückt hatte. Der Professor hatte in der Dichtung und im Leben den ersten Platz nicht behaupten können. Die Interessen waren andere Wege gegangen.

Wir sind mit gutem Rechte stolz auf die Taten unserer Techniker, Industriellen und Kaufleute, und wir sehen in der wirtschaftlichen Macht, die sie uns im Lauf eines Menschenalters zurückgewonnen haben, eine der Sicherungen für den Bestand unseres Volkstums. Auch steht nicht zu fürchten, daß das deutsche Volk von nun an in der Anhäufung und im Genuß weltlicher Güter den Zweck seiner Arbeit und seines Daseins sehen wird. Daß es einen Moment fast so scheinen konnte, darf nicht ungerecht machen. Dasselbe Geschlecht, das die neuen Güter erwarb, war nur in einzelnen Ausnahmefällen in der Lage, sich die Kultur zu erwerben, der sie zu dienen bestimmt sind. Auch der Reichtum braucht

Überlieferung, um sich auszudrücken, und Überlieferung gab es in Deutschland nicht. Wir hatten keinen über das ganze Land verteilten Stand mit ererbtem Reichtum und überliefertem Kulturleben, dem der neue Reichtum hätte nachstreben können. So kommt es, daß er keinerlei Verpflichtung zu fühlen oder anzuerkennen braucht. Man kann in Deutschland sehr reich, sehr ungebildet, zu keinerlei Opfer für irgendeinen Kulturzweck bereit sein, ohne der Verachtung anheimzufallen. Das gesellige Leben hat dieser neue Reichtum auf eine rein materielle Basis gestellt und dadurch zu einem Fluch gemacht für die, die sich ihm nicht entziehen können. Es hat wohl bisher noch nie eine gesellschaftliche Oberschicht so ohne Kulturbedeutung gegeben wie die deutsche der Gegenwart. Sie steht an geistiger Regsamkeit und Teilnahme hinter den Mittel- und selbst den Unterklassen im Durchschnitt zurück.

Es wäre schlimm, wenn die Pessimisten recht hätten, die dem Vertreter von Kunst und Wissenschaft, soweit er nicht mit eigenen Gütern gesegnet ist, eine Art sozialer Hörigkeit im Kreis der Besitzenden weissagen.

In dieser Krisis sehen wir im deutschen Professorenstande Bestrebungen einsetzen und stärker werden, die eine neue Zeit mit heraufführen können. Der Professor, der früher in unerreichbarer Höhe über der Welt stand und es unter seiner Würde hielt, das himmlische Feuer selber den Sterblichen hinabzutragen, beginnt sich Mensch unter Menschen zu fühlen. Er hat erfahren, daß die hochmütige Abwehr jeder Laienteilnahme an der Wissenschaft ihren Bestand gefährdet. Vielleicht ist das Vorurteil gegen die künstlerische Darstellung der Ergebnisse seiner Forschungen, die sie der Welt zugänglich macht, noch nicht überall gebrochen, aber es ist doch schon Bresche gelegt.

Auch andere Vorurteile sind gefallen. Mehr und mehr zeigt sich die Neigung, das Leben der Gegenwart zu erforschen und als ein vollwertiges Objekt der wissenschaftlichen Untersuchung gelten zu lassen. Auf politischem, wirtschaftlichem und literarischem

Gebiete erhalten wir Beobachtungen und Erläuterungen des Lebens, wie sie unsere Vorfahren aus ihrer eigenen Zeit nicht gekannt haben. Man beginnt sodann an den Universitäten zu erkennen, daß die Unwilligkeit, wissenschaftliche Zwecke zu fördern, die den deutschen Reichtum neben dem englischen und namentlich dem amerikanischen so dunkel erscheinen läßt, nicht ohne Verschulden der Wissenschaftler zustande gekommen ist. Der deutsche Professor zeigt sich hie und da geneigt, gewisse Überlieferungen mittelalterlicher Barbarei in der Form gelehrter Streitigkeiten als eines gebildeten Mannes und Ehrenmannes unwürdig zu verlassen. Er fängt an, seine körperliche Erziehung und Erholung in die Hand zu nehmen. Ein Berliner Professor konnte einen Preis im Lawn-Tennis gewinnen, ohne daß man es ihm als einen Makel anrechnet. Und die frühere Gleichgültigkeit gegen die äußere Erscheinung beginnt der besseren Einsicht zu weichen, daß sich in der werdenden deutschen Gesellschaft der Nachlässige, nicht peinlich Saubere und Gepflegte je länger desto sicherer deklassieren wird.

Dies alles und andere verwandte Bestrebungen im Professorenstand lassen erkennen, wie auch er von dem Strom künstlerischer und ethischer Bewegung ergriffen ist, der unser ganzes Volk mit sich zu reißen beginnt. Angesichts der unermeßlichen Tragweite seines Einflusses ein trostreiches Vorzeichen. Bei der inneren Mission künstlerischer und ethischer Kultur können wir den Professor so wenig entbehren wie den Lehrer. Aber was sie lehren wollen, müssen sie auch in sich und an sich zur Erscheinung bringen.

Was das neunzehnte Jahrhundert in der Entwicklung der *Schule*, vom Gymnasium bis zur Volksschule, geleistet hat, ist von ihm selbst mit als eine seiner großen Taten angesehen worden. Es hat damit eine Organisation geschaffen, die noch kein Kulturvolk jemals für seine eigene Erziehung besessen hat. Und die Deutschen haben sich nicht mit der mechanischen Einrichtung begnügt, sie haben Unterrichtsmethoden geschaffen, die den Zugang zu jeder Art von Wissen von allen überflüssigen Schwierigkeiten der Wegführung befreit haben.

Doch bleibt dem zwanzigsten Jahrhundert zu tun genug, einmal, weil überhaupt noch nicht alle methodische Arbeit erledigt ist, dann, weil jede neue Zeit neue Anforderungen stellt, und schließlich und nicht zum wenigsten, weil alle menschlichen Einrichtungen nur auf Sicht getroffen werden können, selbst wo man meint, Grundmauern für die Ewigkeit zu legen. Auch die Schule befindet sich dauernd im Zustand der Revolution.

Daß wir trotz der außerordentlichen Leistungen der Schule noch Wünsche haben oder stellenweise gar noch unzufrieden sind, ist nur ein Beweis für ihre lebendige Kraft. Zufriedenheit und Wunschlosigkeit wären ein Anzeichen von Versteinerung.

Unserer Bildung fehlt heute noch die feste nationale Grundlage. Mag auch die theoretische Pädagogik sie fordern, mag auch der Wortlaut der Lehrpläne besagen, daß sie angestrebt wird, das geistige Leben unserer Gebildeten beweist, daß eine wirkliche Lebensgemeinschaft mit den führenden Geistern der deutschen Politik, Literatur, Kunst und Wissenschaft nicht besteht oder höchstens da, wo wie in der Musik ein außerhalb der Schule gewachsener Dilettantismus großen Stils die Grundlage bildet. Vor allem wäre zu wünschen, daß unser Volk mit seinen großen Dichtern und Schriftstellern in engerer Vertrautheit aufwüchse. Der Engländer und der Franzose sind sehr viel inniger an das Schrifttum des eigenen Volkes angeschlossen. Der gebildete Deutsche empfängt heute noch mindestens ebensoviel Anregung und Genuß von der englischen und französischen Literatur wie von der des eigenen Volkes. Vielleicht trägt eine etwas zu enge Fassung des Begriffs der schönen Literatur mit zu der ungenügenden Schätzung des deutschen Schrifttums in Deutschland bei. Zur schönen Literatur gehört nicht nur das Gedicht in gebundener Sprache, das Drama, der Roman, die Novelle, sondern ebensogut jede Art künstlerischer Gestaltung eines wissenschaftlichen Stoffs. Es erfordert ebensoviel künstlerische Phantasie, Kraft und

Technik, einen philosophischen oder wissenschaftlichen Vorwurf als Erlebnis zu gestalten, wie der Aufbau und die Ausarbeitung eines Romans, und es liegt gar keine Veranlassung vor, den, der Gedichte oder Romane schreibt, ohne weiteres für ein höheres Wesen zu halten als den »dichtenden« Philosophen, Gelehrten oder Staatsmann. Produktion ist Produktion.

Die Bekanntschaft nicht nur mit den Namen, sondern mit den Werken der großen bildenden Künstler, die das deutsche Wesen ausdrücken, der Jugend zu vermitteln, hat die Schule bisher überhaupt nicht als ihre Aufgabe angesehen.

Dieser ungenügende nationale Inhalt unserer Bildung hat den sehr bedauerlichen Zustand zur Folge, daß die Art der Bildung in Deutschland Kaste macht. Wer die klassische Bildung selbst nur in der unzulänglichen Gestalt erworben hat, in der das heutige Gymnasium sie vermittelt, glaubt als höherer Mensch mit Geringschätzung auf den, der nur die moderne Dreisprachenbildung besitzt, herabsehen zu dürfen. Wer Englisch und Französisch kann, fühlt sich erhaben über den noch so gebildeten einsprachigen Deutschen. Wo, wie in England und Frankreich, die Grundlage der nationalen Bildung sehr nachdrücklich bereitet und gepflegt wird als ein allen gemeinsamer Besitz, wo das ganze Volk wirklich in und mit seinen Dichtern lebt, fühlt sich der in den klassischen Sprachen und Literaturen Heimische, soweit meine Beobachtungen reichen, nicht wie bei uns als höhere Klasse, der alles Nationale als zweiten Ranges gilt.

Wenn man uns, auf die Stundenpläne gestützt, zu beweisen versucht, daß das nationale Schrifttum eifrig gepflegt würde, so brauche ich nur zu fragen: Was lebt denn im Geist und im Herzen unserer Gebildeten aus unserer großen Literatur? Welcher Art sind die deutschen, englischen und französischen Schriftsteller, die sie am eifrigsten lesen? Und von welcher Kost nährt sich unser Volk? Daß nicht alle für den Genuß des Besten die natürliche Begabung haben, weiß ich wohl. Aber ich habe mich sehr viel umgetan, um zu prüfen, wie viele, die von Haus aus befähigt und geneigt wären, einfach vernachlässigt sind. Ihre Zahl ist in allen Ständen, selbst in den oberen, Legion.

Für die Entwicklung unseres Volkstums müssen wir von der Erziehung verlangen, daß sie die liebende Hingabe an unsere eigene Sprache, Literatur und Kunst in allen Kreisen erweckt. Darin liegt eine unschätzbare, alle Stände des Volkes zusammenschließende Kraft. Wer hat es nicht erlebt, wie ihn Vertrautheit mit Goethe, Gotthelf, Keller oder Jacob Burckhardt – ich nenne die ersten besten Namen – einem Fremden, der dieselben geistigen Erlebnisse gehabt, bei flüchtiger Berührung nahegebracht hat.

Hätten wir diese allen Ständen zugängliche gemeinsame Bildung, so würde die klassische Kultur kaum ernstliche Widersacher finden.

Mit dem mangelhaften Anschluß an unser nationales Schrifttum und unsere nationale Kunst hängt sodann aufs engste zusammen, daß unserer modernen deutschen Bildung die gestaltende Kraft fehlt.

Sich in der deutschen Sprache einfach, klar und geschmackvoll ausdrücken zu können, mag in der Aufsatzstunde als Klassenziel gelten. Aber es ist noch nicht lange her, und vielleicht liegt der Zustand noch nicht hinter uns, daß ein junger Gelehrter, der sich bemühte, ein lesbares Deutsch zu schreiben, leichtfertiger Gesinnung verdächtig wurde. Auf die Ohnmacht des Beamten- und Juristendeutsch brauche ich kaum hinzuweisen. Und wieviel literarisches Urteil und Gewissen, wieviel Kultur verraten durchweg die Erlasse und Ansprachen unserer Regierungen? Es ist, als ob kein Mensch in Deutschland sich heute noch vor dem Gemeinplatz und der Banalität zu fürchten braucht. Ob wir die Tagesblätter, die Wochen- und Monatsschriften aufschlagen, wie selten tönt uns ein reiner Klang entgegen?

Daß der Inhalt der bildenden Kunst nicht nur auf Bilder, Bildsäulen und Prunkbauten beschränkt ist, liegt dem gebildeten Deutschen meilenfern. Soweit er künstlerische Bildung hat, ist sie ein toter Schatz. Sie hilft ihm nicht, seine Wohnung einzurichten, seinen Anzug den Forderungen des Geschmacks zu unterwerfen. Ja, noch heute läuft ein Mann, der ästhetische Ansprüche an seine Umgebung und Erscheinung stellt, Gefahr, nicht nur für leichtsinnig, sondern sogar für unaufrichtig und unzuverlässig zu gelten. Wer den Deutschen betrügen will, muß die Maske der Ungeschlachtheit, Derbheit und Ungepflegtheit annehmen. In breiten Schichten unseres Volkes erweckt das Vertrauen.

In diesem Zusammenhange muß auch die Frage aufgeworfen werden, wo in unserm Turnen die gestaltende Kraft steckt. Geht und steht, lehnt und sitzt der Turner besser als seine Mitdeutschen? Das Ziel der Ausbildung des Körpers ist nicht rohe Kraft, sondern Anmut. Hier ist unendlich viel zu tun. Unter den Kulturvölkern sind wir die Ungeschlachten. Ein anmutiger Deutscher, der Ausdruck wirkt heute noch komisch.

Wir merken es nicht, denn unsere Erziehung lehrt uns nicht, uns selber zu beobachten. Wir haben als Volk und als einzelne einen sehr ausgesprochenen Abscheu dagegen.

Der Gedanke der deutschen Schule verkörpert sich im Lehrer. In seiner gegenwärtigen Ausdehnung und Organisation ist der Lehrerstand jung und, als Folge der Schulpflicht, eine Schöpfung des neunzehnten Jahrhunderts. Er hat keine alten, gefestigten Traditionen, es steht kein Ahnengeschlecht hinter ihm. Nach gut deutscher Art ist er scharf zerklüftet, und als unversöhnte Gegensätze stehen sich Volksschullehrer und Lehrer der höheren Schulen gegenüber, genau, wie die Lehrer der höheren Schulen sich leicht in einem Gegensatz zu den Lehrern der Hochschule fühlen. Es scheint in Deutschland, dessen Gesellschaft in scharf gesonderte, sich gegenseitig mit Mißtrauen betrachtende Kasten zerfällt, sehr schwer zu fallen, daß man sich menschlich gelten läßt. Wir haben noch kaum das Gefühl, daß wir gesellschaftlich im tiefen Mittelalter leben. Zuerst gilt bei uns der Stand, nicht der Mann. Die Dänen haben eine sehr treffende Beobachtung darüber kurz und bündig zusammengefaßt. In England fragt man, was einer hat, in Deutschland, was einer ist, in Dänemark, wie er ist. Unsere Gesellschaft hat noch einen weiten Weg zur tiefen Menschlichkeit unseres ersten Kaisers, von dem ein feiner Beobachter sagte: Wenn er eine Köchin kannte, die ihre Sache verstand und ihre Pflicht tat, so hatte er Respekt vor ihr.

Unter diesen Zuständen pflegt ein junger Stand wie der des Lehrers besonders zu leiden. Die ältern Stände haben äußere Macht und äußeres Ansehen ererbt, der neue besitzt noch kein solches Kapital. Nach deutscher Gewohnheit, die absolut mittelalterlich geblieben ist, verweigern die ältern Kasten jedem neuen Stand (der notgedrungen das Wesen der Kaste annehmen muß) gleiches Recht.

Mancher Charakterzug des heutigen Lehrers stammt aus dieser Lage.

Heute gilt es vielleicht noch eher als charakteristisch für den Lehrer, daß er ein verbitterter als daß er ein freudiger Mensch ist. Ein heiterer oder gar einmal ausgelassener Lehrer würde in einer Karikatur nicht als typisch empfunden werden.

Nun können uns aber Stimmung und Gemütsverfassung des Lehrers um so weniger gleichgültig sein, als es von ihm allein abhängen wird, ob die Schule im zwanzigsten Jahrhundert noch ferner wie ein Fremdkörper auf unserm Leben lastet, oder ob sie vom Kind, das sie besucht, von den Eltern, die ihre Kinder hinsenden, geliebt wird. Möge die Zeit nicht fern sein, wo man es gar nicht mehr begreift, wenn ein ernster Mann, der sein Leben erfüllt hat, eingesteht, daß er die Straßen meidet, die er als Knabe zur Schule gegangen ist, oder daß in Zeiten der Abspannung schwere Schulträume ihn plagen. Als Knabe kannte ich einen englischen Jungen, der sich vor Heimweh nach seiner Schule verzehrte.

Alle Schulreform steht und fällt mit dem Lehrer. Die besten Stundenpläne können ihn nicht beflügeln, die schlechtesten ihn nicht hemmen. Der Kern seiner Wirkungsfähigkeit liegt in der lebendigen Kraft, die er entfaltet, und in der Kraft, die er in seinen Schülern entwickelt.

Daß dazu auch die künstlerischen Kräfte gehören, die das Leben gestalten sollen, ohne deren Ausbildung, ohne deren Einwirkung auf Sprache, äußere Erscheinung, Lebenseinrichtung und Lebensführung, auf Schaffen und Genuß in jeder Gestalt das Dasein auch in der Fülle materiellen Wohlstandes ein Vegetieren bleibt, hat die Theorie niemals bezweifelt, soll aber für das Leben unseres Volkes als ein neues Ziel der Entwicklung erst erobert werden.

Wie mit der Schulpflicht hat sich das deutsche Volk mit der Wehrpflicht im neunzehnten Jahrhundert in vorbildlich gewordenem Entschluß eine schwere Last auferlegt, aber zugleich eine Einrichtung von unschätzbarem erziehlichen Einfluß geschaffen.

Der Träger dieses Einflusses, der Offizier, ist in seiner heutigen Ausprägung ein Erzeugnis des neunzehnten Jahrhunderts. Aber er hat viele Wandlungen durchgemacht und ist beständig im Werden und Wachsen begriffen. Eine Geschichte der Entwicklung des deutschen Offiziers scheint noch nicht versucht zu sein, so wichtig sie für die Klärung der Vorstellungen sein würde. Auch über die Entwicklung des einzigen Mannestypus, den es neben dem des Offiziers heute in der Welt gibt, des englischen Gentleman, unterrichtet uns, wie englische Forscher mir bestätigten, noch keine Sonderdarstellung. Der Typus des englischen Gentleman und der des deutschen Offiziers, die seit dem Ende des achtzehnten Jahrhunderts den Typus des Hofmannes abgelöst haben – sind doch alle Souveräne der Welt bis zum Kaiser von Japan in Zivil englische Gentlemen und in Uniform deutsche Offiziere –, stammen aus derselben Gesellschaftsschicht, dem Landadel. Die nächsten Vorfahren des deutschen Offiziers sind die Führer der stehenden Heere seit dem Ende des Dreißigjährigen Krieges. Weiter zurück geht seine Abstammung auf die Söldnerführer, die Ritter und in fernerer Folge die kriegerischen Adelsgeschlechter.

Vom Dreißigjährigen Kriege ab lag die Entwicklung des Typus wesentlich in der Hand der Hohenzollern. Zur selben Zeit, als Ludwig XIV. den französischen Adligen zum Höfling machte und dadurch den Grund zu seinem Untergang in der Revolution legte, hat der Große Kurfürst die Kraft des preußischen Adels dem Staat zuzuführen begonnen. Von Geschlecht zu Geschlecht hat der Typus des Offiziers festere Züge angenommen, bis er schließlich die Hohenzollern und die deutschen Fürsten, die ihn geschaffen, in seinen Bann zwang. Es ist bekannt, daß Kaiser Wilhelm I., wenn er vor einer Schicksalslage stand, deren Entscheidung ihm schwer wurde, sich wohl zu fragen pflegte, was er als Offizier zu tun habe. Dann hätte er es gleich gewußt, fügte Bismarck hinzu, der diesen Zug berichtet hat. Bei Friedrich dem Großen wäre dies noch nicht denkbar.

Die eigenartige Stellung des Offiziers in unserem öffentlichen Leben und unserer Gesellschaft ist ohne einen Blick auf seinen Ursprung nicht zu verstehen. Er allein steht heute, wie früher der Adel stand.

Wenn wir die höchsten Formen des Lehrer-, des Professoren- und des Offizierstypus vergleichen – und nur diese sollte man zum Vergleich nebeneinander stellen –, so treten beim Offizier eine Reihe von Eigenschaften schärfer hervor, die bei seinen Miterziehern unseres Volkes wohl vorhanden sein können und auch mehr und mehr aufkommen, aber noch nicht als notwendig gelten. Das ist die Ausbildung des Körpers, die Erziehung des Willens und die drakonisch durchgeführte formale Erzogenheit, die sich beim höchsten Typus, wie ihn der erste Kaiser darstellte, nicht bloß auf die äußere Haltung, sondern auch auf die Bildung des Herzens erstreckt, auf der die Fähigkeit beruht, in jedem Augenblick Herr seiner selbst zu sein und Worte und Taten des Takts zu finden. Wie beim englischen Gentleman sind es beim deutschen Offizier der Art Kaiser Wilhelms I. wesentlich auch ästhetische Elemente, die ihn von anderen Ständen unterscheiden.

In dieser seiner höchsten Entwicklung, in der er nun Vorbild geworden ist, haben wir im deutschen Offizier den einzigen deutschen Mannestypus, an den allseitige Anforderungen gestellt werden. Professor und Lehrer können bei besonderer Begabung und Leistungsfähigkeit sehr einseitig entwickelt sein, vom höchsten Typus des Offiziers darf man sagen, daß er selbst bei der äußersten Intelligenz und Bildung des Geistes nicht denkbar ist, wenn der Körper nicht tauglich ist, der Charakter, die formale Bildung zu wünschen übrig lassen. Es gibt in der Tat keine körperlichen, seelischen oder geistigen Mängel, keine Unzulänglichkeit der Erziehung, die nicht einzeln unter Umständen genügten, um dem deutschen Offizier eine große Laufbahn abzuschneiden. In keinem Stand findet eine so schroffe Auslese statt.

Alles dies hat ihn als Typus so stark gemacht, daß er sich dem ganzen Volk aufzuprägen beginnt, vom Fürsten bis zum Tagelöhner. Geradeso wie der stärkste englische Mannestypus sich aus der mittleren Schicht des Landedelmannes über das ganze Volk ausgebreitet hat.

Durch die Tatsache der Wehrpflicht ist diese Wirkung auch für die Zukunft festgelegt. Auch künftig durchschreitet das ganze Volk einmal die Sphäre des Offiziers. Alles Gute und Edle, was der Offizier sich erhält und erwirbt, wird sich von ihm aus als äußere Haltung und innere Gesinnung dem ganzen Volke mitteilen. Alle Arbeit, die der einzelne Offizier an seine Entwicklung zum Ideal seines Standes setzt, wird, wie dieselbe Arbeit des Lehrers und Professors, zugleich für die Erhöhung unseres Volkstums geleistet, denn nichts wirkt mit so lebendiger Kraft wie das Beispiel.

Aus der vieltausendjährigen Geschichte unserer Rasse kennen wir genauer ein paar hundert Jahre. Schon wie unsere Vorfahren vor fünfhundert Jahren ausgesehen haben, müssen wir aus Bruchstücken erraten. Was sie dachten und fühlten, ist uns weiter zurück noch – mit großen Lücken – auf ein paar Jahrhunderte zu enträtseln, aus früherer Zeit wird nur gelegentlich eine kurze Strecke durch ein Licht, das von außen auf den Pfad unserer Entwicklung fällt, aus tiefer Nacht hervorgehoben.

Aber trotz aller Trümmer und Lücken der Überlieferung vermögen wir selbst aus den Tatsachen, die jedem geläufig sind, zu erkennen, welche tiefen Wandlungen Seele und Charakter unseres Volkes in der kurzen Spanne von zweitausend Jahren durchgemacht haben. Aus dem Deutschen des Tacitus, einem Jäger und Krieger, der den Ackerbau, Industrie und Handel verachtete, sehen wir in wenigen Jahrhunderten den Ackerbauer, dann den Städtebewohner, den Kaufmann, Geldmann und Industriellen werden und in diesen Tätigkeiten neue Charakterzüge annehmen. Kaum ein Jahrtausend nach der Völkerwanderung – eine sehr kurze Spanne Zeit – war der Deutsche Ackerbauer geworden, war schon Hofmann gewesen, der alle Kultur des Abend- und Morgenlandes in sich vereinte, hatte Römerstädte auf seinem Boden zu neuem Leben entwickelt, hatte auf jungfräulichem Boden neue gegründet, war aus dem freien Bauern ein Höriger geworden und schickte sich an – der ehemalige Städtehasser –, innerhalb seiner festen Mauern zum engherzigen, kurzsichtigen, kleinlichen Spießbürger zu werden, dem jeder der großen Züge des kaiserlichen deutschen Mannes, wie ihn Walther besungen und der große Bildhauer von Naumburg körperhaft vor unsere Augen gestellt hat, eingeschlafen war. Und dann kam die Zeit des Kräfteverfalls, wo aus dem freien Deutschen die Knechtsnatur wurde, die wir heute noch nicht überwunden haben. Die Beobachtung der unendlichen Mannigfaltigkeit der Mannestypen, die unser Volk allein im letzten Jahrtausend hervorgebracht hat, der zahllosen Seelenzustände, die es durchlaufen hat, gibt uns heute das Recht, unsere Erziehung in die Hand zu nehmen, um aus unserem Charakter auszumerzen, was an beklagenswerten Folgen der Jahrhunderte der nationalen Schmach noch in uns steckt. Wir haben zu lange wesentlich der Intelligenz gelebt. Es ist Zeit, daß nun die sittlich-religiösen und die künstlerischen Kräfte zur Entfaltung kommen.

Wenn im Fichtenwalde ein Stamm gefällt ist, und die Wurzel wird nicht ausgerodet, so stirbt der Stumpf nicht ab. Die Wurzeln, die im Dunkel der Tiefe ihre Arbeit verrichten, spüren es kaum in ihrer lichtlosen Heimstätte, daß oben sich ein Schicksal erfüllt hat, denn sie sind mit denen der Nachbarbäume eng verwachsen und geben ihnen die Nahrung ab, die sie aus der Erde ziehen. In den Nachbarstämmen steigen ihre Säfte hinauf in die Kronen, die sich in Luft und Licht des Himmels wiegen, und steigen herab und nähren auch die Wurzeln und den Stumpf des entkronten Baumes, so daß sie nicht faul werden.

Im Wald der Kulturvölker hat unser Volk durch Jahrhunderte als Baumstumpf gestanden, dessen Wurzeln die Nachbarstämme nährten, dessen Stumpf von ihnen Nahrung zurückempfing.

Aus den uralten Wurzeln haben wir nun aufs neue einen Stamm zum Himmel hinaufgesandt und treiben unsere Lebenssäfte zum eigenen Wipfel empor.

Aber die Mächte, die dem ersten Stamme den Untergang bereitet haben, sind noch nicht überwunden und lauern – immer noch dieselben – in uns und um uns her.

Schutz vor erneuter Vernichtung gewähren uns nicht die äußeren Einrichtungen unseres Volkstums, nicht unsere Bündnisse. Das alles kann der Sturm einer Nacht hinwegfegen.

Aber unbesiegbar werden wir stehenbleiben, wenn jeder einzelne in jeder Stunde, bei jedem Werk, an jedem Ort, wohin ihn Mut und Schicksal gestellt haben, das höchste Maß seines Willens und seiner Kraft entfalten lernt.

Daß dies Gefühl der Verpflichtung gegen sein Volk im Deutschen der Zukunft erweckt und lebendig erhalten wird, darauf kann niemand durch sein Beispiel stärker, stetiger und unmittelbarer hinwirken als der deutsche Professor, der deutsche Lehrer und der deutsche Offizier.

Haustüren

In meiner Kindheit steckte Hamburg noch voll herrlicher alter Dinge, die nun verschwunden oder sehr rar geworden sind.

Die Haustüren gehörten dazu.

Wenn ich heute noch in unberührten Straßen an einer alten Haustür vorüberkomme, habe ich ein Gefühl, als müßte ich den Hut ziehen. Denn die Türen und Portale unserer alten Häuser waren meine ersten Lehrer der Kunstgeschichte, ausgezeichnete Lehrer, die nicht redeten, aber doch beständig anregten. Einige trugen die Jahreszahl im Oberlichte, die meisten waren undatiert. Da der historische Sinn im neunzehnten Jahrhundert sehr früh geweckt wird, nimmt es nicht Wunder, wenn schon ein Kind von den datierten Portalen ausgehend die Entstehungszeit der undatierten zu bestimmen sucht. Ich hatte sehr bald heraus, daß es keine Türen gab, die mehr als hundert bis hundertzwanzig Jahre zählten. Oft trugen die Steinportale eine Jahreszahl aus dem Ende des sechzehnten Jahrhunderts, und die grüne Tür mit ihrem weißen Oberlicht im alten Bogen wies die Schnörkel des Rokoko auf. Warum gab es keine älteren Türen? Die Änderung des Geschmackes konnte nicht die Ursache sein, denn der spätere Geschmackswechsel hatte die Türen in Rokoko unberührt gelassen, und als man die Türen erneuerte, ließ man die Steinportale in Ruhe. Es mußte schon sein, daß, wie dem Zaun, dem die Volkserfahrung ein Lebensalter von fünf Jahren gibt, auch der Haustür vom Geschick ihre Spanne Zeit zugemessen ist, hundert oder hundertundfünfzig Jahre, wie es scheint, bei uns, in unserm feuchten Klima.

An diesem Alter der Türen lernte ich unterscheiden, wie von zehn zu zehn Jahren der Geschmack wechselte. Und als ich in späteren Jahren die Altertümer dieser Epochen in andern Städten und in den öffentlichen Sammlungen studierte, war ich in der Formensprache der letzten Jahrhunderte ganz zu Hause. Das dankte ich unsern alten Türen und Portalen.

Ein Kind, das heute in Hamburg aufwächst, findet solche Anregungen nicht mehr so reichlich wie zu der Zeit, als Wandrahm, Kehrwieder und Kajen noch standen. Aber immerhin sind gegenwärtig in Hamburg und in den benachbarten Städten und Flecken noch sehr viele Türen des achtzehnten und der ersten beiden Jahrzehnte des neunzehnten Jahrhunderts übrig geblieben, die nicht viele Jahrzehnte mehr Dienst tun werden.

Da wäre es eine sehr lohnende Aufgabe für unsere Dilettanten, in tüchtigen, sehr sorgfältigen Aufnahmen die Veröffentlichung eines »Hamburger Türbuches« vorzubereiten.

Eine solche Sammlung soll nicht etwa Muster zum Nachahmen bieten. Die Zeit, in der man solche Wünsche hegte, liegt hinter uns, und für diesen Zweck würde die Mühe nicht lohnen.

Sie soll uns vielmehr ein Stück Poesie aus dem Leben unserer Vorfahren retten. Denn die alten Haustüren haben in der Tat etwas poetisch Anheimelndes. Bei den einfacheren Häusern waren sie die einzigen Schmuckträger an der Fassade. Wer heute mit der Straßenbahn nach Ottensen fährt, findet in den engen Straßen Altonas noch zahlreiche alte Haustüren von sehr liebenswürdigen, einfachen Formen, und wenn er Interesse und Zeit hat, kann er in den schmäleren Nebenstraßen noch viele Entdeckungen machen. So wird er in Altona noch die Anlage der quergeteilten Türen finden, wie sie in den Marschen gang und gäbe sind, Türen, deren Oberteil für sich geöffnet werden kann und nach Innen schlägt. Diese Form der Tür hat etwas sehr Behagliches, und es läßt sich wohl denken, daß wir sie bei der künftigen Ausbildung des Landhauses wieder aufnehmen.

Und wie in Hamburg stand es früher bis in die kleinsten Städte hinein im ganzen Norden von Deutschland. Es ist schon so vieles gesammelt und publiziert worden von der Grabplatte bis zur Handlaterne. Eine Sammlung der Motive, die für die Gestaltung und den Schmuck der Haustür und ihres Oberlichtes zur Anwendung gekommen sind, würde einen tiefen Blick in die Seele unserer Vorfahren tun lassen, die gewiß nicht reicher waren als wir, in deren Herzen aber mehr Liebe zu schönen Dingen des täglichen Gebrauchs lebte. Wie selten wird bei einem neuen Hause auf den Schmuck der Tür Wert gelegt, wie armselig sind mit seltenen Ausnahmen die Gedanken ihres Aufbaues und ihres Schmuckes.

Wenn wir eine hübsche Sammlung alter Erzeugnisse in Zeichnungen beisammen haben, wird sich vielleicht mancher, der sich ein Haus baut, anregen lassen, die alte schöne Sitte wieder aufzunehmen. Denn eine schöne Haustür in einer schlichten Fassade ist nicht nur Schmuck, sondern auch Symbol. Sie sagt aus, daß der Bewohner, der den billigen äußeren Prunk mit Säulen und Ornament an seinem Hause nicht liebt, sich im Innern eine behagliche künstlerische Umgebung geschaffen hat. Denn obwohl die Haustür von der Straße aus gesehen wird, gehört sie doch gewissermaßen schon zur innern Ausstattung.

Die Motive wird man den alten Türen nicht zu entlehnen brauchen. Wozu wäre der neue Stil da, der jetzt in der Kulturwelt jedem jungen Künstler und Handwerker unbewußt in den Fingern liegt wie einst das Rokoko?

Der Heidegarten

In jüngster Zeit beginnt man in Hamburg, die Lüneburger Heide nicht nur auf Fußwanderungen oder Wagenfahrten zu besuchen. Die Schönheit des Geländes lockt zur Ansiedelung, und es scheint, als ob die Zeit nicht fern ist, wo die Heide für den Hamburger eine ähnliche Bedeutung haben wird, wie das nahe Gebirge für den Wiener oder Münchener. Kommen erst die besseren Bahnverbindungen, so dürfte sie für die Bewohner der wachsenden Großstadt ein Zufluchtsort werden, der nicht nur als Sommerfrische benutzt wird, sondern bald auch für das ganze Jahr einen gesunden Landaufenthalt bietet. Der Engländer sucht ihn in noch größeren Entfernungen von seinen Großstädten auf. Heute noch genügt bei uns eine halbe Stunde Eisenbahnfahrt, um tiefe Einsamkeit zu erreichen. Was sich in Hamburg vorbereitet, läßt sich in allen deutschen Großstädten beobachten. Mit den Problemen, die sich in Hamburg aufwerfen, wird überall gerungen.

Die Besiedelung unbebauten Wald- und Heidelandes, die in unseren Tagen beginnt, mahnt an Vorgänge in fernen Urzeiten oder unter entlegenen Himmelsrichtungen, denn in den meisten Fällen hat der Boden, der nun bebaut wird, Spaten oder Pflug noch nie gefühlt, und der Stoff der dünnen Humusschicht, die die ergründlichen Sandlager der Heide bedeckt, hat nur als Heidekraut und Ginster, als Käfer, Vogel oder Wild gelebt, aber noch nicht, wie der Staub der alten Kulturstätten, dazu gedient, die Leiber zahlloser Menschengeschlechter aufzubauen.

Die ersten Besiedler dieser Heidestrecken haben es nicht leicht. Sie pflegen zuviel Gepäck an fertigen Vorstellungen, an Wünschen und Absichten mitzubringen. Das hindert sie, wie unsere Vorfahren zu handeln, die bei allem, was sie taten und schufen, das

Selbstverständliche suchten. Wir sind noch nicht wieder so weit. Wir wollen lieber das Unerwartete, wo nicht das Unerhörte, wir ziehen noch immer dem Angemessenen das Romantische vor.

Zwar ist im Hausbau eine Besserung schon angebahnt. Aber sie bleibt äußerlich, solange nur der gute Wille des Architekten an der Arbeit ist, während der Bauherr sich nur um die geschäftliche Seite kümmert und weder bei der praktischen noch bei der künstlerischen Ausgestaltung seines Hauses ernsthaft mitwirkt. – Ganz kläglich steht es jedoch immer noch mit dem Garten.

Wenn in der Anlage und Ausbildung der Gärten am Hause nicht in der nächsten Zeit eine völlige Umkehr und Erneuerung einsetzt, so ist auch das heißeste Bemühen der jungen Architektenschar vergebens. Denn die Erneuerung des Wohnhausbaues hängt unmittelbar von der Umbildung des Geschmackes in der Gartenkunst ab. Solange diese bleibt, wie sie ist, kann man überhaupt keine vernünftigen Häuser bauen. Es sollte deshalb in der nächsten Zeit die Besprechung der Gartenkunst in unseren Kunstzeitschriften dem neuen Kunstgewerbe einen Teil des breiten, für seine Leistungen viel zu breiten Raumes, den es für Wort und Bild innehat, abspenstig machen. Die tiefe Barbarei, in der wir stecken, kann nur überwunden werden, wenn in den Gartenbesitzern eine neue Gesinnung und künstlerische Bedürfnisse geweckt werden. Die Gärtner und Techniker vermögen es nicht aus sich heraus zu leisten.

Mit einem Jungendfreunde, der sich in der Heide anbaut, hatte ich Gelegenheit, die einschlägigen Fragen im Angesicht des Geländes zu erörtern.

Er hatte in der Wahl des Platzes einen guten Griff getan. Als er mir seinen neuen Besitz zeigte, wurde mir das Herz weit. Wir standen am Rande der geräumigen Hochfläche, von der sich nach drei Seiten tiefe Täler senken. Jeder Taleinschnitt bildet mit seinem kräftig aufstrebenden Föhrenbestande den Vordergrund eines unendlich mannigfaltigen Landschaftsbildes, das sich mit

Kornfeldern, Waldhügeln, roten Heidhöfen im grünen Eichendikkicht ihrer Baumgärten, Windmühlen, die auf einsamen Hügeln ihre Flügel drehen, in langsamer Steigung bis zur blauen Waldkante am Horizont erhebt. Es hatte schon etwas vom Gebirge. Nur daß sich unter dem unendlichen Himmel der Ebene die Fernen weiter hinausschieben, und daß die Linien der Hügel und Erdwellen sich weicher überschneiden und in zarteren Schwellungen verlaufen, und daß über der Unendlichkeit des Geländes der ungeheure und unberechenbare Himmel der Ebene webt. Die Mannigfaltigkeit gab dem Auge unendlich viel zu tun. Es wanderte nicht nur und wunderte sich. Die Lieblichkeit der Einzelmotive lockte es überall zur ruhenden Betrachtung. Dazu die würzige Luft, die von Heide, von den Buchen- und Kiefernwäldern herüberstreift. Man glaubte zu trinken, statt zu atmen.

Als die erste Überraschung sich gelegt hatte, wurde das Gelände im einzelnen durchgemustert.

Das Haus soll auf der Hochfläche stehen, wurde ich bedeutet, möglichst weit vom Abhang, dort hinten an den Waldrand angelehnt. Die Hochfläche davor wird Garten, die Täler sollen parkartig bleiben. Mein Gärtner schüttelt den Kopf zu dem Unternehmen. Er meint, es wird Jahre dauern, ehe ich auf dem sandigen Heideboden ein bißchen Pflanzenwuchs erziele. Zunächst will er auf der Hochfläche die nötigen Erdbewegungen vornehmen. Vor dem Hause soll ein Teich ausgehoben werden, da in der Landschaft hier die Wasserflächen fehlen. Den Boden wird er nach einer neuen Erfindung zubereiten, daß das Wasser stehenbleibt. Ein paar tausend Fuder Humuserde werden nötig sein für die Rasenflächen. Am Nordrande der Hochfläche soll, um den Anblick des Gemüselandes zu verdecken, eine Böschung angelegt werden für Rhododendren. Der Plan ist schon fertig, ich weiß nur nicht, ob er mich nicht zu weit führt. Mit den Erdbewegungen, dem Teich, dem Humus kostet der Garten wohl dreimal mehr als das Haus mit seiner gesamten Einrichtung, und so weit ging meine Absicht gar nicht. Ich wollte etwas ganz Bescheidenes, Einfaches haben, etwas zum Ausruhen, und nun müßte ich gleich auch ein Haus für einen Gärtner und seine Gehilfen bauen, denn die Pflege des Gartens, wie er im Plan steht, erfordert unendliche Sorgfalt und Mühe und große Sachkenntnis. Schließlich werde ich wohl nicht anders können, wie der Gärtner will. Als Kaufmann verstehe ich nichts davon, und ein Fachmann, der es gelernt hat, muß doch wissen, was zu tun ist. Freilich verdirbt mir der Gedanken an das Gartenpersonal und alle Scherereien mit der schwierigen Anlage beinahe das ganze Vergnügen. Ich frage mich manchmal, ob ich nicht ganz auf den Garten verzichten soll. Es ist sehr schön so, und das bißchen Gemüseland kann von der Einhüterfamilie besorgt werden.

Halb bekümmert, halb belustigt hatte ich zugehört.

Wenn du mich gefragt hättest, was ein fachmännisch gebildeter Landschaftsgärtner vorschlagen würde, erwiderte ich, so hätte ich ganz dasselbe Programm entwickelt. Es gibt heute bei uns nur ein einziges Schema, das gedankenlos überall angewendet wird und im Grunde nirgends paßt.

Dein Fall ist typisch. Du hast ganz bestimmte Wünsche, wenn sie auch zunächst nur verneinender Art sind. Dein Land hat eine sehr ausgesprochene Eigenart. Die Wünsche des Bauherrn und das Wesen des Grund und Bodens müßten wie bei jedem architektonischen Kunstwerk so auch bei dieser Gartenanlage den Ausgangspunkt aller Berechnungen bilden. Aber dein Gärtner bringt die fixe Idee des englischen Gartens mit, und, weil er keine andere hat, rechnet er an allem Gegebenen vorbei, als ob es nicht vorhanden wäre.

Warum sollten hier oben Erdbewegungen vorgenommen werden. Doch nur, weil man nach der heutigen Mode bei neuen Anlagen damit zu beginnen gewohnt ist. Hier aber würden sie zerstören, was die glückliche Wahl des Geländes als besonders günstige Grundlage für die Anlage des Gartens gewährt, die weite Hochfläche, auf der das Haus stehen soll. Wäre die Fläche nicht da, müßte sie durch »Erdbewegungen« geschaffen werden. Denn das Haus erhebt sich am traulichsten von flachem, unbewegtem Boden. Es müßte denn schon sein, daß man auf einem Bergkegel eine Burg errichten will.

Wir fühlen das kaum noch. Selbst wo wir in der Stadt ebene Straßen haben, wird für das Einzelhaus im Garten ein flacher Hügel aufgeschüttet, dessen geneigte Flächen, auch wenn sie als solche dem Auge kaum wahrnehmbar sind, dem Zusammenklang von Haus und Boden alle Aufrichtigkeit und Ehrlichkeit rauben. Wer an diese aus dem Lot geratene Anlage gewöhnt ist und zum erstenmal ein altes Haus sieht, das auf einer wirklich waagerechten Ebene steht, den überkommt ein Gefühl, als ob er Musik hörte.

Hier bei diesem Gelände besteht der künstlerische Charakter gerade in dem Gegensatz der Hochfläche zu den abstürzenden Tälern. Die ganze natürliche Schönheit, die auf dem Gegensatz beruht, wäre vernichtet, wenn auch die Hochfläche in Hügel und Tal verwandelt wird.

Gewiß, die Gegend hat kein Wasser, und der Sandboden hält es nicht. Ein Teich auf dieser Höhe hätte aber gerade deshalb etwas peinlich Unnatürliches. Wer das Wasser in der Landschaft nicht entbehren kann, muß sich ein anderes Gebiet aussuchen, statt hier der Natur Gewalt anzutun. Und weil auch durch den artesischen Brunnen nicht so viel Wasser zu gewinnen ist, daß hier oben ohne den unvernünftigsten Aufwand an Arbeitskräften ein Park mit Rasenflächen und durstigen Pflanzen unterhalten werden kann, so verlangt die Logik der Tatsachen, daß für die Bepflanzung des Gartens nur eine Flora in Betracht kommt, die keiner oder sehr geringer künstlicher Bewässerung bedarf.

Daß sich ein fachmännisch gebildeter Gärtner diesen Bedingungen der Gestaltung und der Heidenatur des Geländes anpassen wird, glaube ich nicht. Er hat eine zu strenge Schulung in der nun schon mehr als hundertjährigen Überlieferung des sogenannten englischen Gartens durchgemacht. Es wäre nicht zu fassen, wenn er sich davon frei machen könnte. Das hieße Unmenschliches verlangen. Diese Freiheit wird in absehbarer Zeit nur der Auftraggeber selbst haben können, eben weil ihm von keiner falschen Überlieferung die Kraft des Urteils geschwächt ist. Von ihm wird die Umgestaltung und Neugestaltung ausgehen müssen.

Er dient mit der Arbeit, die er daran wendet, nicht der Allgemeinheit allein, sondern auch sich selbst. Wer heute einen Kunstgärtner für sich denken und wirken läßt und sich begnügt, zuzusehen, schenkt ein Stück eigenen Lebens und eigenen Glückes weg.

Stände ich vor der Wahl, selber Hand anzulegen oder meine Ruhe, mein Behagen, meine Lebensfreude einem fachmännisch gebildeten Gärtner zu überantworten, der seine eigenen Gedanken ausführen, seine eigene Freude haben will, in dessen Werk ich ewig als Fremder wandle, ich brauchte mich keinen Augenblick zu besinnen. Allein schon die Aufgabe, mit dem Baustoff an wildwachsenden Bäumen, Büschen und blühenden Stauden, den das Gelände zur Verfügung hält, einen Garten anzulegen, würde mich begeistern.

Wer es unternimmt, muß sich allerdings klar sein, daß er bei der Ausführung auf seine eigene Kraft angewiesen ist. Fachleute pflegen zu versagen, sobald das Gebiet ihrer Routine verlassen wird, und auch die geschulten Gärtnergehilfen werden weder bei der Anlage noch bei der Pflege eines Gartens, der von der eingelernten Art abweicht, etwas nützen. Sie wissen schon alles besser und werden alles besser machen wollen, alles besser verstehen und darum alles mißverstehen.

Als Gehilfe läßt sich nur ein unvorbereiteter, dafür aber auch unverbildeter junger Mensch verwenden, der Lust zur Sache zeigt. Er wird mit seinem Herrn in das Werk hineinwachsen und seine Lebensaufgabe darin finden. Man wird mit solcher jungen Kraft die Erfahrung machen, die sich täglich und aller Orten wiederholt. Neue Gebiete fordern neue unverbildete Kräfte und entwickeln sie. Der Durchschnitt der Menschheit neigt zur Erstarrung im Handwerklichen und ist außerhalb der gewohnten Geleise nicht zu brauchen.

Eine köstliche Arbeit, solch ein unberührtes Stück Erde dem Willen zu unterwerfen. Ich kann mir Schöneres nicht denken.

Es stecken doch in uns allen schaffende Kräfte, die bei der Spezialisierung unserer Arbeit verkümmert sind, und deren Betätigung uns ein entbehrtes, aber in unserem Vaterland fast unbekannt gewordenes Glück bereiten würde. Der Deutsche hat kaum erst angefangen, sich sein Leben menschlich zu gestalten. Er pflegt nur eine Arbeit zu tun und sich in ihr aufzureiben. Daß er, durch genügende Ruhe und durch freiwillige Arbeit auf anderen Gebieten erholt, dasselbe Maß Berufsarbeit rascher und freudiger ausrichten könnte, ahnt er kaum. Ich weiß, du wirst einwenden, für Erholung und Muße fehlt die Zeit. Das ist Einbildung. Sie muß da sein, und reichlich da sein, für einen anderen Zweck, der mit Arbeit und Schaffen, mit Erholung und Auffrischung nicht das allergeringste zu tun hat, für den aber doch die besten Kräfte und die Gesundheit des Körpers, für den die Spannkraft der Seele und die Ruhe des Gemütes nutzlos geopfert werden: die im heutigen Deutschland übliche barbarische Form einer unersprießlichen Geselligkeit, unter der jeder seufzt, die die tüchtigsten Männer zu Grunde richtet und von edler Erholung und freudebringender Teilnahme an den Kulturgütern der Welt abhält, und deren Notwendigkeit doch jeder als einen Glaubensartikel hinnimmt. Entzieh dich ihr, und mit einem Schlage hast du Zeit und Kraft die Hülle und Fülle. Dann würdest du auch aus eigener Erfahrung und Beobachtung kennenlernen, wie notwendig dem Gesamtleben und Gedeihen des Volkes diese freiwillige Arbeit auf Nebengebieten ist. Wir könnten vom Hausbau bis zur Schneiderei jedes Gebiet des Schaffens daraufhin ansehen und würden überall dieselbe Krankheit finden: es fehlt an der Mitarbeit des verständigen Laien, und deshalb kann das Höchste nirgend geleistet werden. Jeder beschränkt sich ängstlich auf sein Fach, setzt selber keinen Fuß über seine Grenzen, wehrt aber dafür auch jede Mitarbeit und sogar Mithilfe von außen heftig ab, ohne zu ahnen, daß er Lebensquellen verstopft.

Was die einseitige und unbeschränkte Herrschaft der Fachleute anrichtet, offenbart sich erschreckend deutlich gerade im Zustande unserer Gartenkunst, die durch die Teilnahmlosigkeit und Gleichgültigkeit, Unwissenheit und Unkultur der Auftraggeber nach und nach um den Besitz aller ihrer uralten künstlerischen Ausdrucksmittel gekommen ist. Nur die Mitarbeit der Laien kann die Gartenkunst aus diesem Zustande herausreißen. Mit Grimm und Schmerz blicken wir nach England, wo alle neuen Gedanken der Gartenkunst sich als Bereicherung dem unveräußerlichen Bestand des Bewährten anfügen und wo mit der Schar der Gartenkünstler gemeinsam tausend wünschende und sinnende Laienköpfe an der Arbeit sind.

Wirf einmal einen Blick auf die englischen Gartenbücher und Zeitschriften, in denen alle praktischen und künstlerischen Fragen beständig untersucht werden. Die Hälfte der Bücher und Aufsätze stammt von bloßen Liebhabern. Sieh dir in den illustrierten Blättern, die dem Leben der englischen Gesellschaft gewidmet sind – wir kennen derartige Organe nicht –, die Abbildungen alter und neuer Gartenanlagen an und denk an die trostlose Armseligkeit, Trotteligkeit und Geschmacklosigkeit unserer Gartenanlagen, deren Besitzer und Urheber das ABC der Gartenkunst nicht kennen.

Und wie im Gartenbau geht es in Deutschland auf allen Kulturgebieten, vielleicht die Musik ausgenommen. Wer die Grenzen seines Fachgebietes überschreitet, tut es nur mit seiner Kritik, nicht mit seiner Arbeit und Hingabe.

Unendlich wichtige nationale Kulturfragen bleiben ungelöst, weil die Muße (nicht nur der gebildeten und wohlhabenden Stände) in Deutschland schlecht verwandt wird. Die wertvollsten Kräfte werden bei uns vertrödelt, weil man sich scheut, nur einen Schritt jenseits des erwählten Berufes freiwillig und freudig Hand anzulegen, und unser Leben ist leer, arm und freudlos geworden.

Du läßt mir allgemeine Winke und Betrachtungen zukommen, die richtig sein mögen und ebensogut falsch sein können, sagte mein Freund. In jedem Falle nützen sie mir nicht viel. Ich kann das Leben des deutschen Volkes nicht umgestalten.

Das ist auch nicht deine Aufgabe. Aber dein eigenes Leben gehört dir doch. Was hast du damit angefangen? Nicht viel mehr als im ganzen übrigen Deutschland der Durchschnitt deiner Generation. Du hast erworben, hast deine Kinder erzogen. Du kennst einige niedere Lebensgenüsse, die auch der Bildung deines Hausknechtes, wenn ein Zufall ihn reich machte, nicht lange verschlossen wären, das ist, von der Wohltätigkeit und etwas Politik abgesehen, ziemlich alles. Und jetzt, wo du dir erfüllen kannst, was Millionen nur träumen dürfen, die Gründung von Haus und Garten, willst du auch das als ein Geschäft behandeln, das nur deine Umsicht und Rechenkunst in Anspruch nimmt. Wenn du wolltest, könnte die Aufgabe, die vor dir liegt, einen neuen Menschen aus dir machen, einen reicheren und freudigeren, der das Glück des Schaffens genießt.

Alles sehr schön, aber ich sehe den Weg nicht, ich wüßte nicht einmal, wo ich einsetzen sollte.

Wie bei jedem Unternehmen, mit der Untersuchung der Sachlage, also des Bodens, der dein Haus tragen soll, und deines Bedürfnisses.

Hier vom Rande des Abhanges können wir das ganze Gebiet übersehen.

Der Platz, an dem das Haus stehen soll, scheint mir gut gewählt. Es steht an der Grenze der Fläche, nicht in der Mitte. Von den Fenstern oder der Veranda wird man die ganze Hochfläche und den Blick in die Täler und über das unendliche Gelände vor sich haben.

Wie in Urzeiten bei ersten Besiedelungen – und dies ist ja wirklich eine erste Besiedelung – gilt es zunächst, den Garten einzuhegen. Die Heide liefert für diesen Zweck ein unvergleichliches Material, die wilde Rose. Sie wuchert hier an allen Abhängen, wo sie niemand pflegt. Wildlinge liefert der Hausgärtner in jeder Masse, sie läßt sich auch säen, und sie wird sich hier ungepflegt in kurzer

Zeit entfalten. Eine Hecke von wilden Rosen braucht mehr Platz als eine geschorene Dornenhecke – aber Platz ist ja reichlich vorhanden –, dafür bietet sie aber auch Vorteile besonderer Art. Sie wächst sich regelmäßig aus und braucht nicht geschoren zu werden, hält aber doch dabei ein gewisses Maß inne. Sie ist so schön, wie keine andere Pflanze sie bildet, schon wenn sie nichts als den Blätterschmuck hat. Aber unsagbar herrlich strahlt sie im Schmuck der Blüten oder Früchte. Überdies geben die Hagebutten eine beachtenswerte Ernte, und was die Schutzkraft einer Rosenhecke anlangt, kommt ihr kein Gitter, keine Planke, keine Mauer, kein Stacheldraht gleich. Sie ist schlechthin undurchdringlich für Mensch und Tier. Kein Hase kann zum Kohl, kein Reh zu den Blumen gelangen, und die Singvögel wissen, daß sie ein ganz sicheres Heim finden in den dichten, stachelbewehrten Ranken.

In den Ecken des Gartens sind von vornherein die Plätze für Lauben auszusparen. Soll der Garten wirklich bewohnt werden, braucht man schattige Sitzplätze für alle Tageszeiten. Birken, Buchen, Hainbuchen wuchern auf diesem »neugierigen« Boden, wie der Bauer ihn nennt, sehr rasch empor. Die Bauern der Gegend pflegen ihre Lauben oben nicht zu schließen. Sie begnügen sich mit hohen geschorenen Wänden, die den Wind brechen und Schatten spenden. Da Licht hinein kann, stehen die Innenwände dieser Lauben lückenlos mit Blättern überzogen. Zugleich bleibt die Luft frisch, und es fallen einem keine Spinnen auf den Kopf.

Innerhalb dieses sicheren Geheges der Hecken braucht man das Gemüseland nicht zu verbergen. Nur muß es richtig verteilt und von Beeten umschlossen werden, und bei der Verteilung der einzelnen Gemüsearten muß darauf geachtet werden, daß die Höhen des Wuchses sich auswiegen.

Soll aber das Gemüseland einen selbständigen, gesonderten Anhang bilden, so läßt sich der Garten um so freier entwickeln aus dem Gegensatz ruhiger Flächen und der reichbewegten Büsche und Stauden auf den Beeten, die das Aufstreben in mannigfacher Form betonen. Wichtig ist nur, daß nirgend die Übersicht abgeschnitten wird. Man muß überall einen Gesamtorganismus fühlen und an jeder Stelle wissen, wo man sich befindet. Das Gefühl des Verirrtseins müßte im Garten so wenig aufkommen wie in einem Hause, einer Partitur oder vor einem Gemälde.

Deshalb darf an keiner Stelle das nichtsnutzige »Gebüsch« angelegt werden, ohne das ein moderner Gärtner nicht auskommt. Ich wollte, man könnte es durch eine Polizeiverordnung verbieten. Es richtet nur Unheil an. Könnte es mit einem Schlag verbannt werden, so hätten wir im Handumdrehen den künstlerischen Garten, nach dem wir uns sehnen. Alles wäre heiter und licht, und die Blume wäre wieder Herrin im Garten, den jetzt das Gebüsch tyrannisiert.

Daß unser Zeitalter die übermäßige Verwendung des Gebüsches erfunden hat, wird ihm noch einmal als ärgste Sünde angerechnet werden. In der Geschichte der Gartenkunst wird man vom Zeitalter des Gebüsches als dem des tiefsten Verfalles reden. Weil wir sie als Gebüsch zu pflanzen gewohnt sind, haben wir noch heute keine Ahnung, was die Rhododendren, die pontischen Azaleen, die Syringen, Weigelien, Kerrien, Deutzien und hundert andere blühende Büsche als Material für eine wirkliche Kunst des Gartenbaues zu leisten vermögen.

Auch die Anlage des Gartens, sein Grundriß, ergibt sich bei der Gestaltung der eingehegten Fläche von selber. Vor dem Hause braucht man einen halbrunden oder rechteckigen freien Platz, auf dem sich wohnen läßt. Ein gerader, möglichst breiter Weg führt von da in der Achse des Hauses bis hier an den Abhang. Hier kann sich ein Lusthaus erheben, von dem die Fernsicht genossen wird, und das in Form und Farbe als Abschluß der Perspektive dient. Eine Art Exedra aus geschorenen Hecken mit weißen Bänken darin, ein hölzerner, weiß oder blaugrün gestrichener Altan, der sich über das Tal vorschiebt, tun es auch.

Ein anderer Hauptweg müßte an der Hecke entlang um den ganzen Garten führen, denn von dort aus gibt es die schönsten Blicke über den Garten. Die Verbindung dieser breiteren Wege, auf denen man in Gesellschaft geht, kann durch schmälere Querwege und ganz schmale Pfade, auf denen ein einzelner einzelne Pflanzen besehen mag, hergestellt werden. Die rhythmische Wirkung der Gesamtanlage wird durch solche Abstufung der Wegebreiten nur gewinnen.

Für die Art der Bepflanzung liefert der Bauerngarten, der die urälteste, vielleicht babylonisch-ägyptische, sicher griechisch-römische Überlieferung auf unsere Tage gebracht hat, das beste Vorbild. Er kennt das Gebüsch nicht, das in unseren kleinen Gärten ein so verhängnisvolles Wesen treibt, indem es durch sein ungebändigtes Wachstum im Handumdrehen die Anlage aus den Fugen bringt. Er verwendet innerhalb der Hecken keine großen Bäume. Aber durch den Verzicht auf billige und bequeme Massenwirkungen bringt er es fertig, daß die Anlage sich von Jahr zu Jahr schöner und kräftiger auswachsen kann, ohne das Maß zu verlieren, während die »naturalistische« Anlage des kleinen »englischen« Gartens in keinem Augenblick ihres Daseins Gleichgewicht hat.

Der Grundsatz der alten und immer noch nicht übertroffenen Anlage ist, Blumenbeete die Wege begleiten zu lassen, damit man beim Wandeln den Blüten nahe ist. Der Raum hinter den Beeten wird für das Gemüse verwendet.

Nehmen wir jedoch an, das Gemüse soll ein Feld für sich haben, dann handelt es sich jetzt um die Beschaffung des Pflanzenmaterials, das auf diesem trockenen Boden gedeiht.

Da die Bewässerung sehr schwierig ist, muß die Flora der Heide untersucht werden, wie weit sie Pflanzen von edlem Wuchs bietet, die dem architektonischen Aufbau des Gartens dienen können und welche koloristischen Grundstoffe die Blumen der Heide zur Verfügung stellen.

Was ich hier von unserem Standpunkt aus auf der Hochfläche und in den Tälern sehen kann, genügt schon vollständig, um die überraschendsten formalen und koloristischen Wirkungen aufzubauen. Wird es mit Umsicht ausgenutzt, so kenne ich keine moderne deutsche Anlage, die der Schönheit eines Heidegartens gleichkäme.

Für den formalen Aufbau des Gartens liefert dieser Fleck Heide zwei unsagbar schöne Büsche, die unsere Gartenkunst noch gar nicht kennt, den Wacholder und den Besenpfriem.

Der Wacholder ist wohl weitaus das edelste Gebilde unserer Flora. Wo er wie hier ungestört aufwachsen kann, genügt ein Busch, der zypressenartig Heide und Himmel überschneidet, um einem weiten Landstrich Charakter zu geben. Er strebt auf wie ein schlanker Mensch. Man weiß ja in der Heide oft nicht zu sagen, ob in der Ferne ein Mensch oder ein Wacholderbusch steht. Wenn der Wind mit seiner schwanken, zierlichen Form spielt, ist es, als ob eine Opferflamme sich bewegte. Auch in der Ruhe hat sein Umriß etwas Züngelndes, das an eine Flamme erinnert. Die kurzen Nadeln bilden eine dichte festgeschlossene, dem Blick undurchdringliche Oberfläche von sammetartigem Gewebe, dunkelgrün mit silbrigem oder meergrünem Hauch. Die aus Amerika eingeführte Thuja, in der Erscheinung ihm verwandt, wirkt plump und schwer neben ihm, und auch das Gewebe ihrer Oberfläche hält keinen Vergleich aus. Hätte der Volksmund den schönen Namen Augentrost nicht schon an eine Blume vergeben, der Wacholder müßte ihn haben.

Ist es nicht beschämend, daß unsere Gartenkunst mit dem an Form und Farbe weitaus schönsten Busch unserer Heimat nicht das geringste anzufangen weiß? Man sieht ihn wohl einmal in einem Gebüsch mit der Thuja zusammen, aber seine Schönheit fühlt nur der Bauer, der zwei Wacholder als Wächter vor seine Tür oder an den Weg pflanzt, der auf sein Haus führt. Hier erst, wo er vor dem Zahn des Schafs geschützt ist, offenbart er den ganzen Adel seiner Form. Auf seinem Standort in der Heide ist seine Entwicklung von tausend Zufällen abhängig.

Im Heidegarten läßt sich der Wacholder zu tausend Zwecken verwenden. Er kann paarweise als hoher ernster Wegwächter auftreten, kann auf den Beeten neben dem Hauptweg in Abständen gepflanzt die großen Rhythmen angeben oder aber hochaufstrebend die vier Ecken der Anlage betonen, einzeln oder als Gruppe, je nach dem Umfang des Geländes. Wie weit er, geschoren, Lauben, Exedren und Laubenwände bilden und statt des Buchsbaums als Einfassung oder als zierliche Hecke innerhalb der Gartenanlage zu verwenden sein würde, kann ich noch nicht sagen, da die Erfahrung fehlt. Soviel steht mir schon heute fest, kommt einmal wieder eine Zeit, die den architektonischen Garten liebt, dann wird der Wacholder das vornehmste Baumaterial abgeben und für den Garten geringeren Umfanges geradezu unentbehrlich sein. Denn sein Wachstum hat Maß.

Auch vom Besenpfriem hat man noch nicht viel gesprochen. Im Schmuck seiner rotgelben Blüten ist er ein Busch von unerhörter Farbenpracht. Seine Form entwickelt sich an den Heidehängen, die er liebt, fast nie zu runder Schönheit, denn ihm wird zuviel nachgestellt. Wo er geschützt allein steht, bildet er einen kugligen, zuweilen mehr als mannshohen Busch von sehr regelmäßiger Gestalt und sattem Grün. Wenn die Schoten reifen, sitzen sie dicht wie Blätter und geben der Oberfläche eine krause Bewegung, die sehr gut wirkt. In deutschen Gärten habe ich seine Form und Farbe noch nie ausgenutzt gesehen. Der Grund wird derselbe sein wie beim Wacholder, für den »englischen Garten« – den wir jetzt den deutschen nennen sollten, denn die Karikatur, die wir daraus gemacht haben, ist den Engländern unbekannt – fehlt die Möglichkeit, ihn passend einzufügen. Auf den geraden Beeten des Heidegartens aber wird seine kugelige Form einen sehr willkommenen Gegensatz zur hochstrebenden Obeliskenform des Wacholder bilden. Während seiner Blütezeit wird sein Orangegelb den ganzen Garten erleuchten und mit dem satten Grün des Wacholder einen berückenden koloristischen Rhythmus abgeben, namentlich, wo als Abschluß der Perspektive das Weiß von Gitter oder Bank hinzukommt.

Wenn er erst einmal in Kultur genommen ist, wird sich zeigen, welcher Wandlungen die Farbe seiner Blüten fähig ist. Nach Tönungen, die ich an Wildlingen beobachtet habe, müßte es nicht schwer sein, das Orange auf der einen Seite in mannigfaches Rot zu steigern und nach der anderen auf Zitrongelb und Weiß zu mildern.

Wacholder oder Besenpfriem sind nicht die einzigen Pflanzen der Heide, bei denen unsere Gartenkunst sich die Frage nach ihrem schmückenden Werte noch nicht gestellt hat. Wer hat jemals den Vogelbeerbaum oder die Birke dekorativ ausgenutzt gesehen?

Statt der Wacholder lassen sich zur Betonung der Ein- und Ausgänge der Wege im Bogen gezogene Geisblatt- oder Brombeerranken verwenden. Wer das Geisblatt nur aus unseren Gärten kennt, wo es ziemlich selten und nur dürftig aufzutreten pflegt, hat keine Ahnung von seinem schmückenden Wert. Ich habe in unserer Gegend kaum etwas Großartigeres gesehen als ein üppig entwickeltes Geisblattgeranke im hohen Gesträuch alter Knicks. Da klettert es bis in die höchsten Wipfel und fällt dann wie ein grüner, dicker Teppich herab, der mit den honiggelben Blüten dicht bestickt ist. Wer hat das in unseren Gärten ausgenutzt gesehen? Ich werde dir einmal eine solche Pflanze zeigen, die ich jedes Jahr in der Blütezeit besuche. Du wirst staunen und aus dieser Erfahrung lernen, auf die dekorativen Wirkungen unserer heimischen Flora achten, um für deinen Garten Anregungen zu finden. Auch die wilde Clematis stellt an den Boden keine großen Ansprüche und tut Wunder an üppiger Entfaltung. Ebenso lassen sich Brombeeren leicht an Pfählen hochführen und geben dann gute Form und im Schmuck ihrer weißen Blüten und schwarzen Beeren obendrein wirkungsvolle Farbenstücke. Innerhalb des Gartens kann die Brombeere, auf ein festes Holzgitter gebunden, sehr schöne und dabei nützliche Hecken bilden. Zum Beispiel läßt sich der freie Platz vor der Tür nach dem Garten, durch eine hüfthohe Brombeerhecke abgeschlossen, so daß nur die Wege offen bleiben, sehr viel besser ausnutzen, weil die Hecke den Wind bricht. Über die Wege, die von diesem Platze ausgehen, läßt sie sich im hohen Bogen führen, der die Abgeschlossenheit betont.

Daß Kirsche und Apfel, die sehr hohen dekorativen Wert haben, auf diesem Boden gut gedeihen, beweisen überall die Wildlinge. Auch der Vogelbeerbaum und -busch, der zu unseren schönsten einheimischen Gewächsen gehört und als ein Prunkstück gelten würde, käme er aus fernen Landen, läßt sich als rhythmischer Akzent sehr gut verwerten. Die Birke wird für den Garten leicht zu groß und gibt zu viel Schatten. Sie kann draußen im parkartigen Gelände mit größerem Erfolg verwandt werden, um Alleen und Gruppen zu bilden.

Da der Garten groß genug ist, verträgt er sehr gut ein System niedriger, dichter Hecken um die Flächen. Als Heckenpflanze ist für diesen Zweck die wilde Stachelbeere, die nicht hoch wird, nicht geschoren zu werden braucht und sehr schmackhafte, wenn auch kleine Früchte hat, gut geeignet. Auch die wilde Himbeere, die mit demselben Boden zufrieden ist, bildet Hecken mäßigen Wuchses und bedarf keiner besonderen Pflege. Was an Beerenobst wachsen will, muß willkommen sein. Das wertvollste Beerenobst gibt die Brombeere in ihren unzähligen Arten, ein leider von unserem Gartenbau noch vernachlässigter Nutzstrauch. Es ließe sich denken, daß der Heidegarten die Brombeere als Spezialität pflegt und zugleich alle ihre dekorativen Möglichkeiten, von denen wir eigentlich noch nichts wissen, erprobt. Sie läßt sich über die weiße Wand des Hauses spinnen, wo sie mit ihren Blüten, ihren Früchten und prächtigen Blättern starke Wirkung tun wird, man kann sie an Pfählen hochführen und hat damit ein Mittel, lange Rhythmen zu bilden; es läßt sich denken, daß man sie dicht über Drahtwände ranken läßt, so daß sie geschlossene Laubgänge bildet. Daß die Brombeere mit ihren langen Ranken geeignet ist, von Pfahl zu Pfahl Girlanden zu bilden, erhöht ihre Verwendbarkeit im Sinne des formalen Gartenbaues.

Wir können noch gar nicht ahnen, was diese merkwürdige Pflanze, die schon in der Natur eine unübersehbare Fülle von Abarten hervorbringt, in der Hand eines Züchters, der sich ihrer besonders annimmt, werden kann. Es ist sicher, daß sie Trauben bilden wird so groß und schwer und schön anzuschauen wie Weintrauben, und daß sie durch Kreuzung mit der Himbeere eine unendliche Abwandlung von Aromen erreichen kann. Bisher haben wir nur versucht, ihre Früchte durch Züchtung zu veredeln. Daß auch die Blüte und Blätter sehr wohl geeignet sind, in Farbe und Form entwickelt zu werden, lehren Spielarten an allen Knicks. Hier öffnet sich eine Aussicht auf unbebautes Gebiet.

Mit den Blumen der Heide verhält es sich nicht viel anders als mit den Büschen und Ranken.

Unsere verzärtelten Gartenblumen, die viel Wasser brauchen, kommen im Heidegarten nicht fort. Aber das Heideland rund umher bringt eine unendliche Fülle reizvoller Blumen der verschiedensten Arten. Es läßt sich für den Heidegarten eine Flora wirkungsvoller wildwachsender Blütenträger zusammenstellen, die zehnmal artenreicher ist als die des durchschnittlichen Stadtgartens. Bei der Verteilung über Feldraine, Sandhänge, Heidestrekken, Feldhölzer und Talgründe fällt dieser Reichtum nicht ohne weiteres ins Auge. Wer sich die Mühe gibt, den reichen Stoff auf seine Verwendbarkeit in einer Gartenanlage zu prüfen, wird staunen. Bedingung ist nur, daß er die Ausstattung eines regelmäßigen Gartens bildet. Erst auf geraden Beeten erhält die Pflanze selbständige Bedeutung. Was draußen am Abhang, am Feldrain, auf der Heide, am Waldrand oder in der Lichtung nur einen kleinen Fleck im farbenreichen Gesamtteppich ausmacht, kommt auf dem geraden Beet als Einzelwesen zur Geltung, und die ungestörte Entwicklung wird die Formen erst recht zur Vollendung führen. Auch die Farbe gewinnt dabei. Was als punktartiger Tupfen im Gras nur in der Harmonie mitspricht, wirkt mit unerwarteter Glut, wenn es auf dem Beet eine breite Masse bildet.

Bei der Trockenheit des Bodens müßten die Beete eine Einfassung haben, auch wenn sie ästhetisch nicht nötig wäre. Thymian, Glockenheide können den Buchsbaum vertreten. Beide werden nicht hoch und lassen sich, wenn sie sich ausbreiten, durch Abstechen mit dem Spaten leicht bändigen. Auch die Arnika kommt in

Betracht, die am Boden ein dichtes Blattpolster bildet. Sehr kräftig und zierlich würde eine Borte von niedrigen Farren, etwa von Blechnum, das hier in Massen wuchert, abschließen. Man könnte zwischen die Farren auch die Arnika einsetzen, deren köstliche gelbe Blumen sich mit dem Grün des Blechnums gut vertragen. In den Heidetälern wachsen sie auch durcheinander.

Die Bepflanzung der Beete müßte nach einem etwas anderen Grundsatz geschehen als im Bauerngarten, wo die Blumen einzeln stehen und viel Boden sichtbar lassen. In der Heide muß der Boden ganz bedeckt sein, damit er nicht ausdörrt und verweht wird.

Um den Boden vor zu starker Verdunstung zu schützen, kannst du die Beete dicht mit den Feldsteinen bedecken, die der ausgehobene Boden des Hauses und das umliegende Gelände in Fülle bieten.

Da sehr viele Heideblumen durchwintern, läßt sich leicht eine Art Blumenkalender zusammenstellen, so daß auf den Beeten von Monat zu Monat ein anderes Farbenbild entsteht. Weiß und Gelb, Weiß und Blau oder Violett – schwieriger Weiß und Rot, denn Rot tritt unter den Heideblumen selten oder nie geschlossen auf – lassen sich stets in breiten Massen, die den Gesamteindruck beherrschen, aufbringen. Soll die Anlage ruhig und groß wirken, so ist die rhythmische Verteilung nicht zu kleiner Flecke starker Farbe auf hochgewachsenen Pflanzen geboten. Es muß nur dafür gesorgt werden, daß nirgends das Weiß fehlt, das zur Herstellung harmonischer Wirkungen zwischen dem Purpur, Violett, Rot und Gelb unentbehrlich ist und die Eigenart jeder einzelnen Nachbarfarbe erst herausholt.

Massige Flecken bilden die gelben, weißen oder blauen Lupinen, die bei all ihrer Kraft und Saftigkeit zu den genügsamsten Pflanzen gehören. Violette und blaue Skabiosen, gelbe Wucherblumen, weiße Chrysanthemum vieler Arten, mannigfacher Belaubung, sehr verschiedenen Wuchses, Hornklee, Bocksklee, weißes und gelbes Galium, Wicken aller Art vom tiefsten Violett bis zum leuchtenden Purpur, Ginster, die nickende Distel, Blutnelken, Glockenblumen, Arnika – ich zähle nur auf, was ich von hier aus sehen kann – werden die Beete mit einem unsagbaren Reichtum der edelsten Farben überziehen. Eine Staude von höchstem dekorativem Wert ist der Rainfarn, der ungepflegt auf magerstem Boden eine üppige Pracht sattgrüner, dichter Blätter und gelber Blütenstände entfaltet. Auch diese sehr schöne Staude ist noch nicht in Kultur genommen. Warum nicht versuchen, sie zu pflegen und ihre Farbe abzuwandeln? Du könntest eine herrliche Eroberung für unsere Gartenflora machen. Für die starken Akzente steht das köstliche, reiche Violett des Weidenröschens (Epilobium) zur Verfügung, das in fast mannshohen Stauden aufstrebt und ganz ohne Pflege auf dem trockensten Boden gedeiht. An allen Abhängen kannst du studieren, welche Wirkungen diese Blume ermöglichen wird. Die weißen zarten Dolden der wilden Wurzel oder die noch kräftigeren Blüten verschiedener weißer Chrysanthemum passen sehr gut mit ihr zusammen. Willst du auf anderen Beeten einen Rhythmus in Blau und Weiß, so bieten die Wegeränder die wilden Zichorien und die wilde Wurzel. Sie übertragen sich sehr leicht, man braucht nur im Sommer und Herbst die Samen zu sammeln und auf den Beeten auszusäen.

Es fällt gar nicht schwer, mit dem Material, das die Heide selber bietet, die Beete so dicht wie den Feldrain zu überspinnen und den ganzen Sommer, ja, fast das ganze Jahr Blumen zu haben.

Alle diese Pflanzen, deren Grün noch durch verschiedene Heidefarren und durch zierliche Potentillen belebt werden kann, brauchen keine Pflege weiter und sind, wenn sie in Ruhe gelassen und vor dem Fußtritt des Wanderers und dem Zahn des Wildes geschützt werden, mit dem Naß zufrieden, das der Himmel spendet. Werden sie regelmäßig begossen oder besprengt, so entwickeln sie sich in ganz ungeahnter Kraft und Fülle.

Englischer Rasen, wie wir ihn in den Hamburger Gärten zu sehen gewohnt sind, läßt sich hier allerdings nicht halten. Es gibt jedoch Ersatz die Hülle und die Fülle. Heidegräser bilden eine dichte Narbe, wo sie nicht gestört werden, und ihre grünbräunlichen Farbentöne haben etwas Sammetartiges. Auch der Thymian und der flach ausgebreitete Ginster ließen sich als Bildner dichter Flächen denken. In erster Linie aber hier, wo sie zu Hause ist, die Heide selbst. Wird sie kurz gehalten, so bildet sie einen dicken grünen Überzug, dem die violetten Blüten, die dann spärlich erscheinen, einen zarten Schimmer geben. Auch die Heidelbeere wird sich als Ersatz für den Rasen verwenden lassen. Sie läßt sich leicht säen und bildet einen köstlichen lichtgrünen Teppich. Für größere Streifen bietet sich das Seifenkraut mit dunkelgrünem Laub und den hellila Blütenständen, deren Farbe zu dem Edelsten gehört, was wir in unserer Flora besitzen. Sie braucht gar keine Pflege, und der allermagerste Boden ist ihr gerade recht, um in unerhörter Üppigkeit zu wuchern. Ihr Wuchs ist so üppig, die Wurzelschosse stehen so dicht, daß ihr undurchdringliches Laub alle anderen Pflanzen am Aufkommen hindert. Auch die wilde Wicke mit ihren kräftigen tiefvioletten Blütentrauben kann als Rasenbildner verwendet werden. Achte einmal darauf, wie sie sich entfaltet, wo sie ungestört sich entwickeln kann. Es ist der schönste Teppich, der sich denken läßt.

Die Heide und die Heidelbeerflächen, die den Rasen ersetzen, können durch allerlei anziehende Pflanzen geschmückt werden, die mit ihnen den Standort teilen. Da ist die in zierlichem Wuchs aufstrebende Orchis elodes, die überall an Heidehängen auf dürrstem Boden gedeiht, dort blüht eine andere Orchidee, die weiße Platanthera, die gegen Abend ihren süßen Duft aushaucht, da ist der Ginster und eine Liliacee, das Anthericum, alles Heidefreunde, die überall zu finden sind.

Du mußt nur immer und überall in der Gegend die Feldraine studieren und dich von der Vorstellung befreien, dein Garten müßte aussehen wie alle anderen. Je tiefer du eindringst, je mehr wird sich dein Garten von allen anderen unterscheiden, ohne daß du es beabsichtigst.

Zur Berankung des Hauses bietet die Heide das unverwüstliche Geißblatt und – noch wenig ausgenutzt – die Brombeeren und, mit ihren weißen Blüten und Früchten gleich ansehnlich, die Vogelbeere, die als Spalierpflanze auf dem weißen Bewurf der Wand ungeahnte schmückende Pracht entfaltet. Sowenig wie die Brombeere ist die Vogelbeere als Nutz- oder Schmuckpflanze genügend beobachtet. Ihre Blüten ließen sich farbiger entwickeln, ihre roten Beeren, die von der Mitte des Sommers ab bis zum Laubfall aushalten, können nach Orange variiert werden, und es hat, scheint's, noch niemand versucht, sie auf Größe oder Wohlgeschmack zu züchten.

Traulicher noch als in der Berankung erscheint das Haus im Schatten geschorener Bäume. Die Form, in der unsere Bauern sie halten, beruht auf der praktischen und künstlerischen Erfahrung vieler Geschlechter. Man schert die Kronen wie eine Hecke, die, fünf oder sechs Schritt vom Haus, bis zum Dachfirst reicht. Von den Fenstern des Erdgeschosses, den Wohnzimmern, sieht man zwischen den Stämmen hindurch über den Garten weg. Die Zimmer im ersten Stock haben im Sommer Schutz vor der Morgensonne, während gegen Mittag die Sonne hineinscheint. Diese Baumwand gibt Schmuck und zugleich Schutz vor Sonne und Wind, ohne Luft und Licht auszuschließen.

Solch ein Heidegarten läßt sich nun freilich nicht von heute auf Morgen aus dem Stegreif schaffen, wie man etwa den üblichen modernen Garten mit allen Erdbewegungen im Handumdrehen anlegen kann. Dafür ist aber der Genuß des Suchens und Findens, des Anpassens und Herrschens unerschöpflich, und der Garten wird zu einem Stück vom Leben seines Besitzers, indem er alle Kräfte des künstlerischen Schaffens und Genießens weckt und entwickelt. Läßt sich erkennen, daß der übliche »englische« Garten irgendwelchen Einfluß auf den Besitzer ausübt außer der Gewährung rein animalischen Behagens?

In der Landschaft, die ihn umgibt, wird der Heidegarten nicht fremd und ungehörig stehen, sondern als ein Abriß und eine gedrängte, durch die Kunst zusammengefaßte Übersicht ihres eigenen Reichtums erscheinen. Nur die Kunst, die nicht darauf ausgeht, durch die scheinbare Natürlichkeit die Natur nachzuahmen, kann dahin führen, die Schönheit des Aufbaues und der Farbe aller einzelnen Gewächse zu erschließen. Was der Mensch macht, muß den Stempel seines Wesens und Willens tragen, denn er ist von Haus aus ein Ordner.

Wer diesen Garten sieht, wird sich fragen, ob er nicht auch bei sich zu Haus die Möglichkeit hat, einen Garten nach eigenen Wünschen und mit einem eigenen Problem anzulegen. Müssen denn alle Gärten gleich sein? Alle nach demselben Schema, das alle Gärtner irgendwo (die Stelle sei gesegnet) lernen und das sie unermüdet anwenden, immer mit der Erdbewegung beginnend. Nicht jeder kann sich eine so gründlich neue Aufgabe stellen wie im Heidegarten. Aber es gibt andere Ausgangspunkte die Hülle und Fülle.

Wo der Gartengrund einer ausgesprochenen Bodenart angehört, dem Kalkstein, dem Lehm, der Marsch, dem Moor, wird, wie im Heidegarten, die Flora, die den Standort liebt, zugrunde gelegt werden können.

Wo der Boden feucht ist und Abzugsgräben nötig macht, oder wo ein stehendes oder fließendes Gewässer den Garten begrenzt, lassen sich statt der Beete Wassergräben regelmäßiger Form anlegen und ganz wie Beete behandeln. Weiße, rote, gelbe, blaue Wasserlilien, die man in märchenhafter Schönheit zur Verfügung hat, Krebsschere, Irisarten, Blumenbinse, Froschabbiß, Pfeilkraut, unsere liebliche wilde Calla lassen sich zu künstlerischen Wirkungen zusammenstimmen, die man heute kaum erst erträumen kann.

Hat der Boden keine ausgesprochene Eigenart, so mag eine Lieblingsblume, das Geranium, die Iris, die Veronika, die Aster, die Verbene in ihren Spielarten und Gattungsverwandten den Ausgangspunkt bilden. Einer solchen Lieblingsblume mit ihren Abarten und Verwandten nachzugehen, ist wissenschaftlich und künstlerisch gleich anziehend und gibt zugleich die Grundgedanken für die Anlage des Gartens, der sie zur Geltung bringen soll. Für einen Irisgarten bedarf es eines anderen Grundrisses als für den Astern-, Lilien- und Veronikagarten, und für jede Gattung gilt es, die Pflanzen anderer Familien zu wählen, die in bezug auf Standort, Pflege und künstlerische Erscheinung zu ihnen passen.

Das führt vom Heidegarten ab, gehört aber doch als Ausblick dazu, damit du siehst, daß du nicht für dich allein arbeitest, wenn du ausführst, was auf diesem Boden das Selbstverständliche ist.

Ich sehe deinen Heidegarten vor mir im Schutz seiner Rosenhecken, mit schlanken Wacholderbüschen auf den von allen Wundern der Heide überblühten Beeten, mit den Heidelbeer- oder Heideflächen als Rasen dahinter, von Thymian durchduftet, in seiner Einheit, Bodenwüchsigkeit, Selbstverständlichkeit fremdartig innerhalb unserer zusammengebettelten Kultur, aber ein Sinnbild und eine Vorahnung kommender Lebenskunst und Lebensfreude.

Mein Freund hatte mich reden lassen, ohne mich zu unterbrechen, wie es seine Art ist, wenn ihm jemand ein Geschäft vorschlägt. Wir schwiegen eine Weile. Endlich kehrte sein Blick, der sich in die Ferne verloren hatte, zurück.

Du schwärmst, sagte er. Ich kann mir nicht vorstellen, daß ich deinen Garten schön finden würde. Ich mag keine geraden Wege und hasse das Geschorene. Mag sein, daß der Walcholder schön ist, mir ist er zu steif, mag sein, daß die Heideblumen dem Kenner gefallen, ich bin keiner. Dein Programm erschreckt mich. Ein Zehntel wäre mir für meine Bedürfnisse zu viel, und mir scheint, du hast nur das erste beste genannt, was dir einfiel, es steckt noch vieles dahinter, das erst die Praxis ergibt.

Eine Aufgabe würde mich schon locken, denn daß mein Leben eine Lücke hat, fühlte ich oft, und ich habe Kraft genug, noch neben meinem Beruf Arbeit zu tun, die nützt. Aber wenn ich deinem Vorschlag folgen wollte, geschähe es gegen meine Überzeugung. Mein Geschmack ist gerade der »natürliche« Garten, den du verspottest. Was mir der Gärtner entworfen hat, gefällt mir wohl, ich kann es nicht leugnen.

Das muß ich dir allerdings zugeben, seine Pläne passen nicht

hierher, denn sie fordern einen Aufwand, der alle Grenzen überschreitet. Rasen, Teich, Rhododendren habe ich aufgegeben. Was
nun werden soll, ist mir ganz unklar. Ich will es mit meiner Frau
besprechen, vielleicht weiß sie aus deinen Vorschlägen mehr zu
machen als ich.

Was ein Menschenleben umspannt

Es ist eine nützliche Betrachtung, sich an einem Beispiel vor Augen zu stellen, was für Weltenschicksale und Weltentwicklungen ein einzelner Mensch, der über das biblische Alter nicht einmal besonders weit hinauszuwachsen braucht, mit vollem Bewußtsein erleben kann.

Wer in Berlin 1871 neunzig Jahre zählt, konnte als Kind von vier bis sechs Jahren Friedrich den Großen noch zu Pferd unter den Linden gesehen haben. Er mußte sich erinnern, daß er als Zehnjähriger mit den Erwachsenen auf Nachrichten von der Französischen Revolution gewartet hat. Er konnte Goethe und Schiller, deren Aufstieg und Glanzzeit in seine Jugend fiel, noch als jüngere Männer, er konnte Mozart, Beethoven, Weber und Wagner gesehen haben. Er wird mit seinem scharfen Berliner Auge, unbestechlich wie der alte Schadow, der ihn zeichnete, Napoleon bei seinem Einzug in Berlin beobachtet haben, den kleinen Mann auf einem großen Gaul, schlecht zu Pferd, als ob er das Reiten erst lernen müßte, gebückt und mit einem Profil, in dem das Kinn weit stärker mitsprach als die Nase. Er hat den Zusammenbruch und die Erhebung Preußens erlebt, die Freiheitskriege, alle Revolutionen, das Aufsteigen Amerikas, die Umgestaltung Japans, deren Folgen um 1871 herum freilich niemand ahnen konnte, die industrielle Entwicklung Englands, das zweite französische Kaiserreich, Deutschlands erste industriellen Siege und schließlich Bismarcks Aufstieg und die drei großen Kriege, die zur Gründung des Reiches führten. Ein Mensch, der Friedrich den Großen, Napoleon, Bismarck und Kaiser Wilhelm erlebt hat, das künstliche Berlin Friedrichs des Großen mit weiten leeren Prunkstraßen der Friedrichsstadt und das Berlin unter Kaiser Wilhelm I., das den zu weit gezogenen Rahmen nicht allein gefüllt, sondern längst gesprengt hatte, ein Mensch, der die deutsche Literatur von den Anfängen Goethes und Schillers bis über Hebbel hinaus, die deutsche Musik von den Hauptwerken Haydns über Mozart, Beethoven, Weber und Schubert bis auf Richard Wagner als lebendige Entwicklung miterlebt hat – ganz zu geschweigen der wunderbaren Dinge, die sich auf den Gebieten der Wissenschaft und Technik bei uns und den Nachbarvölkern ereignet haben. Wer zu überschauen versucht, was in der Spanne dieses einen Menschenlebens geschaffen wurde, den mag wohl ein Schwindel packen.

Aus dieser Betrachtung ist zu lernen, wie schädlich die den Naturwissenschaftlern nachgesprochene Formel von der langsamen Entwicklung ist, die auch in der Naturgeschichte nicht so unbegrenzt passen dürfte, wie man gelegentlich wohl annimmt, die aber, als Hemmschuh dem gegenwärtigen Menschenleben vors Rad gesenkt, alle treibenden Kräfte zermürbt und zum Philistertum führt, auch in Hamburg, wo – wie überall – dem, der auf irgendeinem Gebiet wirken will, das Beharrungsvermögen die Beschwörungsformel entgegenzurufen pflegt: Herr Doktor, das muß sich langsam entwickeln.

11·1·04

[handschriftlicher Brief, unleserlich]

Liebster Pauli,

Lichtwark

Adressat ist der Kollege und Freund Gustav Pauli (1866–1938), Direktor der Kunsthalle Bremen. 1914 wurde er Lichtwarks Nachfolger

Der Sammler

Die Deutschen haben in den letzten Menschenaltern manche
Eigenschaften und Neigungen entwickelt, die sie selbst nicht zu
besitzen glaubten und die ihre Nachbarn ihnen nicht zutrauten.
So sind sie auch in anderm Sinne Sammler geworden, als ihre
Väter und Großväter es waren. Aber die Empfindungen, mit denen der Sammler in Deutschland heute noch angesehen wird, und
die Urteile über die Sammeltätigkeit, denen man noch begegnen
kann, beweisen, daß es gar nicht überflüssig ist, die Bedeutung
und den Wert der Sammeltätigkeit zu prüfen.

In Bonn gibt die Ausstellung aus Privatbesitz den Anstoß dazu,
und ich bin der Einladung, bei diesem Anlaß den Bonner Kunstfreunden meine Auffassung über die Bedeutung des Sammlers
und der Sammeltätigkeit vorzutragen, gern gefolgt.

Was man von einem Stück Weltgetriebe wahrzunehmen vermag,
hängt vom Standpunkt ab, den man wählt, und von der Ausbildung der Augen, mit denen man sieht.

Tätigkeit und Wirkungsgebiet des Sammlers lassen sich in ihrer
Ausdehnung und ihren Beziehungen zu den Nachbargebieten am
klarsten erkennen und überschauen vom Standpunkt und durch
die Beobachtungsmittel des Volkswirts. Der Beobachtungsposten
des Sammlers selbst bietet keinen Abstand, der des Kunsthistori-
kers birgt die Gefahr der Einseitigkeit, und Sammler wie Kunsthistoriker könnten in den Verdacht kommen, in eigener Sache zu
fechten. Auch der Standpunkt des Kunsthändlers, der durchaus in
Betracht kommt, läßt nicht das Ganze erkennen und erweckt Vorurteile gegen das Ergebnis.

Dem ist der Volkswirt nicht ausgesetzt, denn die Kunst liegt
ihm nicht näher als andere Lebensgebiete.

Er wird mit der Untersuchung des Gegenstands der Sammeltätigkeit, des Kunstwerks, beginnen.

Von allen anderen Erzeugnissen der Menschenhand unterscheidet sich das Kunstwerk durch die ungeheuren Abstände seiner Bewertung. Vier Quadratfuß bemalter Leinwand ist das eine Mal nicht mehr wert als die Leinwand im verdorbenen Zustand, ein andermal Tausende, ein drittes Mal Hunderttausende oder gar Millionen. Für ein Blatt Papier mit den Linien der Radierung kann bei derselben Größe einmal fünf Pfennige, einmal fünftausend und (in seltenen Fällen) fünfzigtausend Mark und darüber bezahlt werden. Der Volkswirt weiß, daß Geld immer etwas ausdrückt. Und da bei bemalter Leinwand oder bedrucktem Papier nicht von einer Veredelung des Stoffes gesprochen werden kann wie bei der Verwandlung von Roheisen in Uhrfedern – an sich sind Farben und Leinwand durch den Maler zunächst verdorben –, so muß er nach einer andern Ursache suchen.

Der Volkswirt findet die hohe Bewertung im Wesen des Kunstwerkes darin begründet, daß es, einem Akkumulator subtilster Art vergleichbar, die gewaltige Lebensenergie und die künstlerische Sonderart eines ganz großen Menschen aufbewahrt. Was in der Seele eines großen Musikers, Dichters oder Malers gejubelt oder gestöhnt, gejammert oder frohlockt, gebangt oder getollt hat, das klingt oder leuchtet aus ihren Werken durch die Jahrtausende. Was wäre die Matthäuspassion, was der Figaro, der Hamlet oder der Faust wert, wenn sie, wie ein Bild, nur einmal auf der Welt wären. Hätte die bildende Kunst ein Publikum wie die Musik oder die Dichtung, niemand würde sich wundern, daß ein Hauptwerk Raffaels oder Rembrandts auf Millionen gewertet wird.

Mit Recht wird also der Marktwert eines Kunstwerkes höchsten Ranges die Werte aller andern Erzeugnisse eines Volkes überragen.

Aber die Bedeutung des Kunstwerks im Leben des Volkes ist damit nicht erschöpft. Sein höchster Wert liegt nicht in dem Preis, den es erreicht, sondern in der Wirkung, die es ausübt. Es gibt so wenig den Genius an sich wie den Apfel an sich. Der Genius ragt hoch über sein Volk hinaus, ein Wahrzeichen für die Welt. Aber seine Wurzeln senken sich unentwirrbar von denen seines Volkes in das Erdreich. Ein Lebenssaft nährt alle Volksgenossen. Es gibt den Maler, den Dichter, den Musiker nur in dieser volklichen Ausprägung als deutschen, französischen, italienischen Künstler. Was sie schaffen, ist von dem Gesamtgeist ihres Volkes getragen und wirkt formend zurück auf den Gesamtgeist und die Entwicklung der einzelnen Seele. Jeder von uns weiß, was im Leben der Menschheit die Veröffentlichung des Robinson oder des Gulliver, was unserem Volke das Erscheinen des Faust bedeutet hat und welche Veränderungen in ihm selber vorgegangen am Tag, wo er als Knabe Robinson und Gulliver und als Jüngling den Faust zu lesen begann.

Die Großtaten der bildenden Künstler üben, wo die Kultur für ihre Aufnahme vorhanden ist, dieselbe Umbildung aus wie Goethes Faust oder Mozarts Figaro. Daß ein Volk die Werke seiner großen Maler und Bildhauer im Besitz behält, ist deshalb eine nationale Daseinsfrage.

In der Theorie kann es darüber keine Meinungsverschiedenheit geben. Aber die Praxis kennt auf dem Gebiete der bildenden Kunst vielerlei Hemmungen.

Zunächst pflegt es seit dem Anfange des neunzehnten Jahrhunderts lange Zeit zu brauchen, bis über die Bedeutung eines großen Künstlers Einmütigkeit herrscht. Als Liebermann Ende der sechziger Jahre erklärt hatte, er wolle Maler werden, fragten die besorgten Eltern alle berühmten Künstler Berlins um ihr Urteil, nur Menzel noch nicht, obwohl er über fünfzig war. Er galt noch nicht. Es war die Zeit, wo er sich, wie Fontane drastisch erzählt, von einem heute längst vergessenen Kunsthistoriker mußte über den Mund fahren lassen. Und er hatte die Werke, auf denen heute sein Ruhm ruht, fast alle schon geschaffen. Außer der Nationalgalerie und dem Museum seiner Vaterstadt Breslau hatte, als Menzel seinen siebzigsten Geburtstag feierte, kein deutsches Museum ein

Bild von ihm. Alles, was wir am höchsten schätzen, das Kinderbuch, das Gymnasetheater, die Familienbilder, die Atelierwand, Friedrich in Lissa, die Aufbahrung der Märzgefallenen, besaß er noch unverkauft und unbegehrt. Wäre um 1870 ein Museum gekommen und hätte ihm halb soviel auf den Tisch gelegt, wie heute eines seiner mittleren Bilder bringt, es hätte das alles haben können. Und solche kritische Augenblicke hat es im Leben jedes großen deutschen Meisters im neunzehnten Jahrhundert gegeben.

Wir sehen daraus, wie unsicher lange Zeit der höchste Besitz eines Volkes sein kann. Theoretisch ist es denkbar, daß, wenn ein Engländer oder Amerikaner bald nach 1880 ein paar hunderttausend Mark in die Hand genommen, alle besten Menzel, Böcklin, Leibl, Thoma, Trübner, Liebermann, von andern nicht zu reden, sein Eigentum geworden wären. Wir hätten das Nachsehen gehabt. Tatsächlich ist es den Franzosen ähnlich ergangen. Viele der bedeutendsten Werke der Schule von Barbizon und der Impressionisten sind nach Amerika, England und jetzt auch nach Deutschland gewandert, weil die Museen und die Privatsammler in Frankreich zu spät erkannt hatten, was auf dem Spiel stand für Frankreich.

Denn kein Volk der Welt sperrt die Ausfuhr der lebenden Kunst. Im Gegenteil, man betrachtet die lebende Kunst als Ware wie eine andere, spricht von Kunstexport, klagt – namentlich in Deutschland – jämmerlich, wenn man ihn nicht hat, und gründet Vereine für den Export von Bildern und Skulptur.

Diese Tatsachen lassen uns die rein mechanische Wichtigkeit des Sammlers im Haushalt des Volkes erkennen. Er ist der Mörissee, der in schlechten Zeiten das befruchtende Element aufbewahrt, das große Reservoir für die Zukunft. Er wird sich aber auf die nationalen Grenzen nicht beschränken. Wo Neigung, Bildung und Mittel vorhanden sind, zieht der Sammler wie ein Magnet das Wertvollste der Kunst aus dem Bereich der Nachbarvölker ins Land.

Als im siebzehnten und achtzehnten Jahrhundert die Gemälde-
sammlung zum notwendigen Ausstattungsstück jedes vornehmen
Haushalts gehörte, sind von den deutschen Fürsten, dem deutschen Adel und dem deutschen Patriziat unsagbare Schätze der
italienischen, niederländischen, französischen und spanischen
Kunst ins Land gebracht. Der einst sehr reiche Besitz des Adels
und des Patriziats der Städte ist im neunzehnten Jahrhundert, wo
die Bildung in Deutschland den tiefen Sturz tat, von dem klügern
Ausland um ein Linsengericht erworben. Kein Luxus oder Laster
ist so kostspielig wie Dummheit und Kulturlosigkeit. Nur was die
Landesfürsten erwarben, ist im Land geblieben. Ihrer Kultur, ihrer Sammeltätigkeit zur Zeit des Absolutismus dankt Deutschland
den sichern Besitz der unerhörten Schätze Dresdens, Münchens,
Kassels, Braunschweigs. Die deutsche Sammeltätigkeit des neunzehnten Jahrhunderts hat ausländische Kunst nicht entfernt mit
solchem Verständnis beobachtet, im Grunde überhaupt nicht.
Denn was bedeuten die einigen Dutzend guter französischer Bilder, die in unsere Museen und Privatsammlungen gekommen
sind, gegen die Möglichkeiten, die wir versäumt haben. Dabei waren unsere Mittel unendlich viel größer als die der Fürsten des
siebzehnten und achtzehnten Jahrhunderts.

Was uns fehlte, war die künstlerische Bildung, die zur Erkenntnis, und das künstlerische Bedürfnis, das zum Erwerb geführt
hätte. Daß das Allerbeste zu seiner Zeit sehr wohlfeil hätte erworben werden können, ist jetzt allgemein bekannt. Man weiß heute
auch, daß andere Nationen die Glückslage benutzt haben. Wieviel
kostbares französisches Nationalgut ist um geringes Entgelt nach
Amerika gewandert? – Das klassische Beispiel der wirtschaftlichen
Bedeutung intelligenter Sammeltätigkeit weitester Kreise ist England, wo die einheimischen Kunstgüter höchster Art selten sind.
Vom sechzehnten Jahrhundert ab haben die reisenden Engländer
unter Ausnutzung aller traurigen politischen und kulturellen Un-
glücksfälle vom europäischen Kontinent und aus der ganzen übrigen Welt den kostbarsten Besitz auf ihre Insel gebracht. Die noch

immer nicht erschöpften Privatsammlungen und der Besitz der öffentlichen Museen legen Zeugnis ab von der Umsicht und dem Sachverstand der englischen Sammler.

Mit der Aufbewahrungstätigkeit des Sammlers ist die des Sichtens untrennbar verbunden. Auch für die kritische Durchprüfung alles überlieferten Kunstgutes kann die Tätigkeit der Sammler nicht entbehrt werden. Im täglichen Umgang mit dem eigenen und mit fremdem Besitz in Sammlungen und auf Auktionen steigert sich die Fähigkeit, Werte zu erkennen beim einzelnen und von einem Geschlecht zum andern. Eine Gemäldegalerie, die heute, gestützt auf die Forschung eines ganzen Jahrhunderts, auf die von Geschlecht zu Geschlecht verfeinerte Empfindung für die höchsten Werte und erleuchtet durch das Schlaglicht, das von der lebenden Kunst auf die vergangene fällt, ein amerikanischer Sammler von höchstem Ehrgeiz zusammenbringt, ist gewählter, als die beste Sammlung vor einem Jahrhundert sein konnte.

In Deutschland ist die bewahrende und sichtende Arbeit des Sammlers von Kunstwerken allein schon deshalb wichtiger als in irgendeinem anderen Lande, weil die deutsche Kunst heute noch das dunkelste Gebiet der Kunstgeschichte bildet.

Gibt es eigentlich Sammler deutscher Kunst? Sie sind sehr selten. Unsere alte Neigung, zu überschätzen, was von jenseits unserer Grenzen eingeführt wird, hat dahin geführt, die deutsche Kunst als zweiter Klasse zu behandeln. Um 1890 waren zwei Drittel aller großen deutschen Meister des 19. Jahrhunderts vergessen. Als ich zuerst eine Jahrhundertausstellung der deutschen Kunst in Berlin forderte um die Mitte der neunziger Jahre, waren nur wenige bereit, das Unternehmen zu fördern. Aber offene und heimliche Widerstände stellten sich in den Weg, so daß die Ausführung des Planes nicht durchzusetzen war. Man wollte an vergessene deutsche Kunst nicht glauben. Der Minister eines großen deutschen Staates, mit dem ich längere Verhandlungen pflog, machte tausend Einwendungen, und als ich in der letzten Besprechung sehr dringlich wurde, gab er seinen wahren Grund an: Er hatte einen berühmten Künstler, seinen Vertrauensmann, gefragt, was er von dem Projekt einer Jahrhundertausstellung der deutschen Kunst hielte, und hatte die Antwort bekommen, es lohne der Mühe nicht. Man würde sich nur blamieren. Es wäre keine unbekannte deutsche Kunst vorhanden.

In einer deutschen Kunststadt, die um 1830 eine Reihe der einflußreichsten deutschen Künstler beherbergte, wollte bald nach 1900 der Direktor des Museums ein Werk von dem größten dieser Meister ins Museum bringen. Es war billig und wunderschön. Die Kommission, aus Künstlern bestehend, ließ sich, weil auch ein anderes Museum den Besitz des Bildes anstrebte, nach längerem Widerstreben herbei, den Ankauf zu bewilligen, fügte jedoch den Beschluß hinzu, es sollte von diesem Meister kein Werk mehr gekauft werden. Das Museum besaß anderthalb Bilder von ihm. Es hätte fünfzig haben müssen, um eine ausreichende Vorstellung von ihm zu geben. Als wir die Jahrhundertausstellung machten, hatte ich aus einer andern deutschen Kunststadt die Werke eines großen deutschen Meisters von 1800 begehrt. Unsere Freunde, die Kunsthistoriker der Stadt, strichen ihn von der Liste, weil sie ihn nicht gut genug fanden. Mit Mühe habe ich dann durchgesetzt, daß doch noch Bilder von ihm hinkamen, und sie wurden als eine der großen Entdeckungen begrüßt.

Vor einiger Zeit kaufte ein Museum um hundert Mark ein Bild von einem vergessenen deutschen Landschafter um 1820. Wäre das Bild das Werk eines Meisters der Schule von Barbizon gewesen, hätte es, ohne besser zu sein, fünfzigtausend Mark gekostet. In den neunziger Jahren konnte ein Hauptwerk von Caspar David Friedrich auf öffentlicher Auktion in Deutschland für achtunddreißig Mark von der Nationalgalerie in Christiania erworben werden.

Solche Vorkommnisse, bei denen Künstler, Forscher und Kunstfreunde dieselbe Rolle spielen, mögen wohl verwunderlich erscheinen. Aber sie finden ihre Erklärung in dem allgemeinen

Mißtrauen der Deutschen gegen ihre künstlerische Selbständigkeit, in der einseitigen Hochschätzung fremder Kunst – Forscher und Künstler haben einander darin nicht viel vorzuwerfen – und nicht zuletzt in dem Mißstand, daß die deutsche Kunst der ersten zwei Drittel des neunzehnten Jahrhunderts bis in dessen letztes Jahrzehnt weder von Galerien noch von Sammlern beachtet wurde. Ich wüßte von Privatsammlern um 1900 kaum drei zu nennen, die der deutschen Kunst von 1800 bis 1850 nachgingen. Drei im ganzen Reich. Und einer darunter ist der Norweger Bernt Grönvold.

Für Handzeichnungen und Kunstdrucke liegt die Sache, das muß betont werden, sehr viel günstiger. Hier gab und gibt es bedeutende Privatsammlungen.

Trotz der Anregung, die von der Jahrhundertausstellung ausgegangen ist, hat sich seither an der Sachlage wenig geändert. Die Museen haben dies Gebiet erst seit kurzem angeschnitten. Der Kunsthandel pflegt es nicht. Die Kunstgeschichte hat es vernachlässigt. Das ist alles Ursache und Wirkung zugleich, und deshalb darf es nicht wundernehmen, daß der Sammler sich nicht auf dies noch wenig erforschte Gebiet wagt. Der Volkswirt muß das um so mehr beklagen, als wir, je mehr Material wir kennen lernen, um so mehr Verehrung empfinden vor den Leistungen dieser Zeit.

Daß uns auf diesem nun schon geschichtlich gewordenen Gebiet der Sammler fehlt, spüren wir auf Schritt und Tritt. Von dem Lebenswerk großer und fruchtbarer Meister, deren Bilder nach Hunderten zählen dürften, kennen wir gelegentlich nur ein halbes Dutzend. Wo sind sie geblieben? Sind sie schon vernichtet? Wir hatten gehofft, daß infolge der Jahrhundertausstellung die verborgenen Schätze ans Licht kommen würden, doch ist wenig davon zu sehen gewesen. Wo stecken die Caspar David Friedrich, die J. E. Dahl, die Kobell, die F. von Olivier, von dem außer den drei Bildern in der Hamburger Kunsthalle und den vier oder fünf, die die übrigen Galerien zusammen besitzen, nichts weiter bekannt zu sein scheint? Die Bilder dieser und anderer deutscher Meister zwischen 1800 und 1840 genügen, um den Beweis zu liefern, daß wir in dieser Zeit unabhängig neben den Franzosen und Engländern eine gleichwertige, hie und da sogar überlegene Landschafter-schule besessen haben, daß den deutschen Malern dieser Zeit Bildnisse geglückt sind, die sich bei größter Bescheidenheit und Absichtslosigkeit neben dem Besten aller Zeiten behaupten. Wie viele Forscher und Künstler wissen darum und glauben daran? Daß die sogenannten Gebildeten diesen nationalen Fragen fernstehen, darf da nicht wundernehmen.

Dies gilt für das unbekannte neunzehnte Jahrhundert. Dem achtzehnten und siebzehnten gegenüber schweben wir in derselben Unsicherheit. Es gibt noch keine Museen und keine Kunstfreunde, die die deutsche Kunst dieser Jahrhunderte systematisch sammeln. Die Lokalmuseen fangen gerade erst an. Deshalb wissen wir so furchtbar wenig davon, und weil wir nichts wissen, glauben wir nichts. So viel ist aber sicher: an Talenten hat es bei uns auch in diesen dunkeln Jahrhunderten nicht gefehlt. Und wenn wir eine Ausstellung deutscher Kunst von 1600 bis 1800 machten, was nach den Ausstellungen englischer und französischer Meister desselben Zeitraums eine dringliche Aufgabe, ja eine Ehrenpflicht der Berliner Akademie wäre, so würden wir erkennen, daß wir uns an Umfang und Originalität ganz wohl neben den Engländern zeigen können, wenn auch nicht an äußerm (und vielfach erborgtem) Glanz.

Daß sich in den nächsten Jahrzehnten Privatsammler für das ganze Gebiet der deutschen Malerei heranbilden, namentlich für die arg vernachlässigte Zeit von 1600 bis 1800 und für die neuen »Primitiven« von 1800 bis 1840, und daß die öffentlichen Galerien mit ihnen Hand in Hand gehen, ist eine nationale Notwendigkeit. In Berlin läßt sich die glorreiche Zeit von Chodowiecki bis zum jungen Menzel noch nirgend auskömmlich studieren, in Dresden ist noch keine Vorstellung zu gewinnen von der Bedeutung des Orts für die Jahre von 1800 bis 1840, und noch schlimmer steht es um München. Hier ist es geradezu ein Kummer, daß die öffentlichen Sammlungen auf dem eigensten Gebiete noch gänzlich auslassen. Auch Düsseldorf muß genannt werden. Was diese Stadt in der Tat einmal bedeutet hat, läßt sie in ihrer öffentlichen Sammlung nicht ahnen, und Privatsammlungen lassen uns so gut in Düsseldorf wie in sämtlichen deutschen Kunststädten im Stich.

So hoch nun auch der Volkswirtschaftler die Tätigkeit des Sammlers auf geschichtlichem Gebiet einschätzen mag, wichtiger wird ihm dessen Wirksamkeit innerhalb der lebenden Kunst erscheinen. Niemand wird die Historie entbehren wollen. Aber ständen wir vor der Wahl, Geschichte oder Leben, müßten wir uns für das Wertvollste entscheiden. Zum Glück schließt das eine das andere nicht aus; im Gegenteil, das eine bedingt das andere.

Wir dürfen nicht behaupten, daß unser Volk ein inniges Verhältnis zu seinen Künstlern hätte. Wie groß würde die Zahl derer sein, die etwas entbehrten, wenn mit einem Schlage die Maler und Bildhauer ihre Arbeit einstellten? Die Mittel für alles Große sind reichlicher und stetiger vorhanden als jemals. Aber es sind kaum die ersten Anzeichen zu spüren, daß das Volk sich anschickt, wieder mit seinen großen Künstlern zu leben.

Noch immer sind Besitz und Kultur getrennte Güter. Der Besitz ohne Kultur jagt dem Vergänglichsten im Leben und in der Kunst nach. Wie sieht es in den Seelen und deshalb in den Wohnungen unserer Wohlhabenden aus?

Wir besitzen nun aber glücklicherweise über ganz Deutschland zerstreut freudige Sammler der lebenden Kunst, und wer in der Lage ist, zu beobachten, sieht überall neue entstehen.

Es gibt auch schon einzelne, die nicht nur mit den Bildern, sondern auch mit den Meistern selbst Freundschaft geschlossen haben und ihnen mit Bitten, Wünschen und Anregungen kommen. Vom Bildnis pflegt es auszugehen, und nach und nach kommt das Haus mit seinen Innenräumen, kommt der Garten, kommt die heimatliche Landschaft hinzu. Ich kenne schon deutsche Sammler, die von der Hand großer deutscher Meister ihre Frauen, ihre Kinder, ihre Freunde und die Dichter, Maler, Musiker, die sie verehren, ihre häusliche und landschaftliche Umgebung in einer ganzen Reihe von Meisterwerken haben festhalten lassen.

Daß in diesem Sinne dem Sammler als Besteller eine noch nicht abzumessende Bedeutung zukommen kann, liegt auf der Hand, und daß Kunstwerke, die so entstehen, lebendiger wirken als auf Ausstellungen erworbene und daß sie fester im Besitz der Familie haften, fester als Kunstwerke ohne Lebensbeziehungen, ist auf den ersten Blick zu verstehen. Mir scheint auch, daß dem Künstler, der sich seine Freiheit bewahrt, aus diesen persönlichen Sympathien und Wünschen mancherlei Anregungen erwachsen, die ihm heute mangeln. Das Vorurteil, das man oft zu hören bekommt, die Künstler nähmen solche Anregungen nicht ernst, erscheint mir albern, und die Erfahrung widerlegt es.

Das Verhältnis des deutschen Sammlers der neueren Zeit zur ausländischen Kunst ist ebensowenig folgerichtig wie zur einheimischen. Nur daß die französische stets höher geschätzt wurde als die deutsche. Manche gute französische Bilder, die schon in deutschen Besitz gelangt waren, sind, als die Preise der Schule von Barbizon in die Höhe gingen, wieder zurückgewandert.

In der jüngsten Zeit ist der Ankauf ausländischer Kunst durch den bekannten Künstlerprotest in Frage zu stellen versucht worden. Solange die Künstler für ihre seit 1886 entwickelten internationalen Kunstausstellungen ausländische Kunst minderen Wertes herangezogen und sie den Museen, die sich nötigen ließen, auf diesen Ausstellungen zu kaufen, und vielen Kunstfreunden aufgedrängt haben, sind von den Künstlern selbst keinerlei Einwendungen erhoben; im Gegenteil, sie haben den Vertrieb ausländischer Kunst befürwortet, weil sie dadurch im Ausland für die Beschickung ihrer Ausstellungen wirkten. Der Kunsthandel ist ihnen willig gefolgt und hat mit den Künstlern zusammen bewirkt, daß Deutschland von minderwertigen Italienern, Spaniern, Franzosen, Schotten und Engländern überschwemmt wurde. Der Volkswirt mußte diese Propaganda für geringe ausländische Kunst als eine Gefahr und Schädigung ansehen. Ungeheure Summen guten deutschen Geldes gingen ins Ausland für wertlose Machwerke und waren für das Nationalvermögen und für die Befruchtung der deutschen Kunst verloren, zu einer Zeit, wo die Bilder der Leibl, Trübner, Liebermann in Deutschland unverkäuflich waren. Wer von Norddeutschland über Berlin oder München in die Bäder ging, brachte von dem wertlosen Zeug mit nach Haus. Von einer Protestbewegung der Künstler hat man in den achtziger und neunziger Jahren nichts gehört.

Sie setzte erst ein, als die Sezession in Berlin und der Berliner Kunsthandel begann, statt der Italiener, Spanier, Franzosen und Engländer zweiter Hand die großen Meister der französischen Entwicklung einzuführen. Um 1890 hätte man sie in Deutschland so wohlfeil haben können wie unsere eigenen großen Meister, aber man holte sie nicht einmal für die Ausstellungen heran. Unterdes waren sie in den großen Kulturstaaten der englischen Welt erkannt und begehrt worden und hatten die Marktpreise der alten Meister erreicht. Bis zur Schule von Barbizon waren in Berlin und Hamburg die großen Sammler unter der Führung des Berliner Kunsthändlers Lepke noch mitgegangen. Für französische Impressionisten gab es, soviel mir bekannt, nur einen gleichzeitigen Sammler in Deutschland, den verstorbenen Dr. Bernstein in Berlin. Als er zu Anfang der achtziger Jahre seine Sammlung bei Gurlitt ausstellte, standen Künstler und Laien ratlos davor. Nur einer hatte schon Anschluß, das war Max Klinger. Wie stände es um unsere Entwicklung, hätte es damals noch mehr deutsche Sammler für die Impressionisten gegeben in Berlin, München, Dresden, Düsseldorf, Frankfurt? Wie viel reicher wäre unser Nationalvermögen, wenn für jedes wertlose italienische, spanische, schottische Machwerk, das damals zu hohen Preisen eingeführt wurde, soviel gute Franzosen gekauft wären, die man dafür hätte haben können? Es ist gar nicht auszurechnen. Dann würden die Museen heute aus reichem Schatz schöpfen können.

Dem Sammler selbst wird es nun freilich zunächst gleichgültig sein, was der Volkswirt von ihm hält. Er fühlt sich als Wesen von Fleisch und Blut, das sein eigenes Leben führen, sein eigenes Glück finden will. Als solches muß er betrachtet werden, wenn man ihn nicht nur als Faktor in der Volkswirtschaft begreifen will.

Es wird psychologisch immer von Interesse sein, im einzelnen Falle zu untersuchen, was den Antrieb zum Sammeln gegeben haben mag. Dabei muß der oft zitierte Zufall ausscheiden. Wer zum Sammler wird, weil er einmal ohne besondere Absicht ein Kunstwerk erworben hat und dadurch Geschmack gewinnt, pflegt wohl im zufälligen Anlaß den Beweggrund zu sehen. Er irrt: zum Sammler war er durch seine Natur bestimmt, sonst wäre der Anlaß nicht zum Antrieb geworden. Auch ein anderer Beweggrund, der in Ländern älterer, nie gestörter Kultur, wie in England, am meisten verbreitete, die Überlieferung, fehlt in Deutschland noch. In der englischen Gesellschaft gehören Sammeltätigkeit oder doch Kunstbesitz zu den stillschweigend zu übernehmenden Pflichten. Dies Motiv des gesellschaftlichen Zwanges wirkt in England so stark, daß selbst zugewanderte Deutsche, die wenig Verkehr mit Engländern haben, zu sammeln beginnen, sobald ihre wirtschaftliche Stellung es verlangt. Ob sie Neigung und Bedürfnis haben, kommt nicht in Frage.

Aber der Volkswirt dürfte sich hüten, aus den Erlebnissen der letzten Jahrzehnte die Regel abzuleiten, daß die Museen für die um Anerkennung ringende Kunst durch ausgiebige Berücksichtigung in ihren Ankäufen einzutreten hätten. Das würde unabsehbare Folgen haben, solange es nicht möglich ist, Museumsdirektoren und Kommissionen, die dem Ideal entsprechen, zu beschaffen. Regeln gelten für den Durchschnitt. Und die Leistung besonderer Begabungen und Glücksumstände für den Durchschnitt als Maßstab zu nehmen, ist eine Ungerechtigkeit. Gewiß haben auch die meisten Museen um 1890 kein gutes Beispiel gegeben. Aber ihnen das 1910 zum Vorwurf zu machen, hätten am wenigsten die

Künstler Ursache gehabt. Die Museen haben durch Unterlassung gesündigt, die Künstler aber durch die Begehung. Rechnet der Volkswirt ab, wird er darauf hinweisen müssen, daß die Museen nicht führten und die Künstler verführten.

Scheidet nun der Zufall grundsätzlich und in der Praxis heute noch für Deutschland die Überlieferung aus, so bleiben nur zwei Gruppen von Motiven übrig: Sammeln aus Lebenspolitik und Sammeln aus angeborenem Beruf.

Im heutigen Deutschland sind die Sammler aus Lebenspolitik nicht selten. Reichtum ist schon so verbreitet, daß er allein keinen Rang und kein Ansehen verbürgt. Dazu ist die Wohlhabenheit schon zu allgemein geworden. Nur in Zeiten allgemeiner Armut wird dem Reichtum schon als Verdienst angerechnet, wenn er nur da ist.

Auch in Deutschland muß sich nun der Reichtum darauf besinnen, daß er etwas zu leisten hat, um sich zu rechtfertigen.

Am frühesten hat er von allen Möglichkeiten, sich auszudrükken, außer der Wohltätigkeit die Wirkung einer hervorragenden Sammlung erkannt. Es liegt etwas wie eine reinigende Macht darin. Ich könnte typische Fälle berichten, die diese Wahrheit erhärten. Es hat einer ein großes Vermögen rasch und durch Mittel erworben, gegen die das Bewußtsein der Öffentlichkeit leise oder gar laut Einspruch erhebt. Er weiß, daß er dieser Macht der Meinung, die ihn gesellschaftlich vereinsamt, nicht durch die Flucht in eine andere Welt entgehen kann, die Meinung geht mit, er weiß, daß er am Ort der Tat bleiben und standhalten muß und daß die großmütigste Wohltätigkeit ihm nicht zu Ansehen verhilft, weil sie als Gewissensnot oder als Feigheit ausgelegt wird. Da kommt ihm der Gedanke, in seiner Vereinsamung im großen Stil zu sammeln, und das wird ihm so hoch angerechnet, bis er gesellschaftlich wieder einwandfrei geworden ist.

Das sind freilich Ausnahmen. Aber sie beweisen, wie hoch die Macht erlesenen Kunstbesitzes über der des bloßen Geldbesitzes steht.

In anderen Fällen erkennt der Ehrgeiz in der Sammeltätigkeit das sicherste Mittel, gesellschaftlichen Rang zu erringen, oder die Eitelkeit findet im Besitz einer Sammlung, von der die Welt spricht, ihre Befriedigung. Oft mag es schwer sein, die Abschattung dieser Motive aus der Sphäre der Lebenspolitik zu benennen.

Ferner als der Ehrgeizige oder Eitle scheint der Spekulant dem Kunstwerk zu stehen. Ihm bedeutet es auch wirklich zunächst nicht mehr als der Reis, die Häute, der Salpeter, in dem er sonst macht. Aber so sonderbar es auf den ersten Blick scheinen mag, in Wirklichkeit hat der Spekulant doch ein innigeres Verhältnis zum Kunstwerk, als der Ehrgeizige oder Eitle zu haben braucht. Es kommt oft genug vor, daß, wer aus Ehrgeiz oder Eitelkeit sammelt, einem Ratgeber blindlings unterliegt und erwirbt, was ihm empfohlen wird, oder nach eigenem Ungeschmack kauft und sich einbildet, Schätze zu besitzen, ohne daß die Stunde zu kommen braucht, die ihn aufklärt. Der Spekulant muß wie Pelze und Häute auch das Kunstwerk kennen. Den Spekulanten gibt es nicht immer und nicht für alle Gebiete zugleich. Er will rasch Erfolg sehen und sucht sich danach sein Feld. Es gibt Typen verschiedenster Art. Oft wechselt der Spekulant mehrfach sein Arbeitsgebiet. Der lebenden Kunst gegenüber ist er schon darauf verfallen, nicht Kunstwerke, sondern Künstler zu kaufen.

Zu den Sammlern aus Lebenspolitik gehört schließlich auch der noch seltene Typus, der zu Zwecken der Selbsterziehung und Lebensergänzung sammelt. Ich bin mit einem Juristen befreundet, der mit Leidenschaft als Geologe arbeitet und sammelt. Er fühlt, daß sein Beruf ihn einseitig macht und daß die naturwissenschaftliche Forschungsarbeit einen für ihn notwendigen Gegenpol zur juristischen Betrachtungsweise abgibt.

Diesen Sammlern aus Lebenspolitik stehen die Sammler aus angeborener Neigung und Begabung gegenüber. Sie pflegen früh zu beginnen, als Knaben mit Marken und Muscheln, als Jünglinge mit Büchern, als Männer erst zur Kunst gelangend. Der Sammeltrieb liegt im Keim in jeder Seele, seine Energie hängt von dem übrigen Komplex der seelischen Eigenschaften und deren Entwicklung und von der Zeitlage ab. Es gibt Zeiten, die den großen Sammler gebieterisch fordern, Übergangszeiten zwischen zwei Welten, in denen das Gut der untergehenden Welt herrenlos wird und mit ihr vernichtet würde, wenn sich der von vielen gespürte dunkle Trieb zu retten und zu bergen nicht plötzlich in einzelnen Seelen zur Leidenschaft entfachte. So war es vor hundert Jahren, als beim Zusammenbruch der im letzten Grunde mittelalterlichen Gesellschaftsform der Domherr Wallraff für seine unsagbaren Schätze mittelalterlicher Hinterlassenschaft die Selbstverleugnung bis zum Hungern trieb. Als das Kunstgut der Franzosen sich zerstreute, haben der Herzog von Bedford und Sir Richard Wallace die unsagbar kostbare Wallacekollektion geschaffen, die jetzt den Stolz Londons bildet. Freilich kommt es vor, daß in kritischen Zeitläufen diese Sammler fehlen. Meine Vaterstadt Hamburg ist mit einem unschätzbaren Reichtum aller Kunst vom Mittelalter bis zum achtzehnten Jahrhundert in das neunzehnte Jahrhundert eingetreten. Der Dom allein besaß um 1805 gegen sechzig mittelalterliche Altäre und eine reiche Bibliothek mittelalterlicher Manuskripte. Von allen diesen Schätzen des Doms ist in Hamburg ein einziges Bild erhalten, weil die Wallraff, Boisserée und Hübsch fehlten, die die rheinische Kunst gerettet haben.

Die Psychologie des Sammlers aus Leidenschaft ist noch nicht geschrieben. Sie ist so mannigfaltig wie die herrschenden Seelenkräfte, die sich bestimmend dem Sammeltrieb gesellen.

Welches Motiv nun auch den Anstoß zum Sammeln gegeben hat, bei der neuen Betätigung zeigt sich der ganze Mensch. Wie der ganze Mensch malt, sammelt auch der ganze Mensch. Der Zaghafte wird einen andern Typus abgeben als der Waghalsige, der Selbständige einen andern als der Anlehnungsbedürftige, der Hocker einen andern als der Pionier. Es kommt vor, daß die Betätigung als Sammler alle edlen Kräfte weckt und stärkt. Ich kenne Fälle, wo aus dem Eitlen, dem Ehrsüchtigen, dem Spekulanten der begeisterte Sammler geworden ist, bei dem alle unedlen Motive niedergesunken sind.

Das Höchste zu erreichen ist die Sammlernatur bestimmt, die mit der Gabe der instinktiven Erkenntnis oder mit dem Trieb und Vermögen des Forschers begnadet ist – oder mit beiden. Hier entwickelt der Sammler auf der einen Seite alle Kräfte der Empfindung, die ihn in die Nähe des Künstlers tragen, auf der andern alle Fähigkeiten, die dem Forscher, dem Wissenschaftler eigen sind.

Sobald diese Stufe erreicht ist, und der Sammler vom Beruf erreicht sie rasch, wird das Sammeln aus einer Frage des Besitzes eine Frage der Bildung. Der Sammler dieser Art macht sehr schnell die Erfahrung, daß zum Erfolg auf seinem Gebiet – es sei, welches es wolle – Wissen und Bildung gehören. Er wird aus dem Käufer ein Forscher. Auf allen Gebieten haben Sammler höchst wertvolle wissenschaftliche Arbeit geleistet, nicht nur in den Naturwissenschaften, bei denen sie ganze Forschungszweige früher als alle Fachleute wissenschaftlich entwickelt haben. Auch in der Kunstgeschichte ließen sich solche Spezialisten nennen. Der Sammler steigert den Genuß an seinem Besitz durch die Freuden des Forschers.

Aber selbst darüber geht er noch hinaus. Denn die intensive Beschäftigung mit dem eigenen und fremden Besitz gibt seinem Auge eine Ausbildung, die sonst nur das des Künstlers erfährt. Erst Sehen heißt besitzen. Der leidenschaftliche Sammler, der alle Kräfte an seine selbstgewählte Aufgabe setzt, erlebt zugleich die Freuden des Künstlers und des Forschers.

Die Tätigkeit des Sammlers hat vor andern Bildungsmitteln voraus, daß sie Kräfte entwickelt. Kräfte der Sinne, des Geistes und der Seele. Und dadurch erweitert sie die ursprünglich einseitige Freude am Besitz um eine Unendlichkeit. Die Erschließung der Wissenschaft, die Erweckung schlummernder Kräfte bewirken eine solche Bereicherung des ganzen Daseins, daß der Sammler, der es ernst nimmt, zu den glücklichsten Menschen gehört.

So wird die Sammeltätigkeit zu einer Bildungsfrage höchsten Ranges. Ich stehe nicht an, mich zu dem Glauben zu bekennen, daß für den Nichtkünstler eine wirkliche künstlerische Bildung ohne die Gymnastik der Sammeltätigkeit nicht denkbar ist.

Das Glück des Sammlers aber wächst mit den Jahren, wo Seele und Körper für andere Freuden stumpfer werden. Wer sich ein inhaltliches Alter schaffen will, beginne früh oder zur rechten Zeit zu sammeln. Im Hinblick auf die möglichen Freuden des Alters ist ein rechtzeitiger Beginn der Sammeltätigkeit die weitsichtigste Lebenspolitik.

Bei dieser Übersicht der Wirkungen habe ich keinen Nachdruck auf den wirtschaftlichen Gewinn gelegt. Der Volkswirt muß ihn wenigstens erwähnen. Wer mit Kenntnis und Bildung sammelt, macht eine gute Kapitalanlage. Als Thoma in Deutschland verachtet war, kaufte ein Engländer eine sehr große Anzahl seiner besten Bilder. Später geriet er in Vermögensverfall. Aber es waren unterdes in Deutschland die Preise für Thoma so stark in die Höhe gegangen, daß er für seinen Besitz, der ihn wenig gekostet, ein Vermögen löste. Beispiele verwandter Art gibt es auf allen Gebieten so viele, daß eine Andeutung genügt. Der Volkswirt muß diesen Erfolg der Sammeltätigkeit ganz besonders hervorheben.

Staaten und Städte sind eben erst dabei, einen vernünftigen Weg des Sammelns zu suchen. Sie können es nicht machen wie die Fürsten des siebzehnten und achtzehnten Jahrhunderts, die Vertrauensmänner beauftragten und gewähren ließen, soweit sie nicht selber Urteil und Leidenschaft besaßen. Staat und Stadt lassen heute für sich durch festangestellte Beamte sammeln. Diese sammelnden Beamten bilden eine heute schon besondere Menschenklasse. Sie hat heute schon eine erkennbare Entwicklung durchgemacht. Die ersten Leiter der in Staatsbesitz übergegangenen Kunstsammlungen haben wohl gelegentlich gekauft, waren aber noch nicht eigentlich Sammler. Dann kamen Sammlernaturen von Beruf ans Ruder, die, auf einem anderen Lebensgebiet herangebildet, durch inneren Trieb und Drang Museumsgründer oder -entwickler wurden. Von ihnen sind einige wenige noch in voller Tätigkeit. Schließlich ist die Tätigkeit des vom Staat oder von der Stadt angestellten Sammlers ein Lebensberuf wie ein anderer geworden, der neben anderen zur Wahl steht. In einer Psychologie des Sammlers müßte die Betrachtung dieser Sonderart von Sammlern einen eigenen Abschnitt erhalten. Sie unterscheiden sich vom Privatsammler wesentlich durch die Hemmungen. Der anonyme Staat kann sie nicht gewähren lassen wie der Fürst seinen Vertrauensmann, denn er kann sie nicht, wie der Fürst seinen Agenten, fallen lassen, wenn sie sich nicht bewährt haben. Deshalb wird dem sammelnden Beamten von Staats wegen eine kontrollierende Kommission beigesellt. Das kann, wenn der Beamte und die Kommission sich verstehen, zu guten und großen Dingen führen, kann aber auch vieles oder alles hindern, wenn das Vertrauen sich nicht einstellt.

Eigentlich sind die deutschen Städte noch nicht zu den Sammlern zu rechnen wie eine Reihe der englischen und amerikanischen, obwohl diese keinen Pfennig für Kunst in ihr Budget einstellen, während deutsche Städte anfangen, größere Summen alljährlich zu bewilligen.

Denn wie der einzelne noch nicht Sammler genannt werden darf, wenn er, ohne sich selbst darum zu kümmern, einen anderen beauftragt, für ihn zu kaufen, und ohne Interesse annimmt und im Besitz behält, was auf diesem Weg erworben wird, sind Stadt und Staat noch nicht Sammler, wenn sie ohne eigene Leidenschaft einen Beamten für sich sammeln lassen.

In den amerikanischen Städten – unter Bodes Führung auch schon in Berlin – haben sich Liebhaber und Patrioten zusammengetan, um, wie früher in Deutschland die Fürsten, das Edelste für ihre Stadt zu erwerben, das ihren Mitteln erreichbar ist. Sie begnügen sich schon längst nicht mehr mit dem, was der Markt anbietet, sie senden Expeditionen nach Ägypten, Kleinasien, Mesopotamien und den griechischen Inseln und halten ständige Agenten auf den Märkten. Auf diesem Wege ist u. a. in Boston ein reichgegliedertes Museum entstanden, das zu den intelligentest geleiteten der Welt gehört.

Es wird aber die Zeit kommen, noch ist sie fern, wo die Sammeltätigkeit, die die deutsche Stadt übt, denselben Einfluß auf ihre Seele gewinnen wird, wie auf die des einzelnen Sammlers. In der Stadtregierung, in breiten Schichten der Bevölkerung wird Freude am Besitz aufkommen und wachsen, und mit dem Gefühl des Stolzes wird der Ehrgeiz einsetzen, der bereit ist, Opfer zu bringen, und aus dem Gewirr dieser unteren Leidenschaften werden sich – wie beim einzelnen – als edlere Kraft das Gefühl der Verantwortung erheben und als letztes und oberstes Gut das edle Gefühl der Liebe und Verehrung.

Einen Platz für sich haben die sammelnden Künstler. Bis zu einem Grade ist wohl jeder Künstler auch Sammler. Das liegt in seinem Verhältnis zum Kunstwerk. Er wird es lebhafter genießen und heftiger begehren als der Nichtkünstler. Wird er, was sehr oft geschieht, wirklicher Sammler, so fängt er an, den allgemeinen psychologischen Gesetzen zu unterliegen, die für den Sammler gelten. Bei manchen ist der Künstler dann ausgeschaltet. Ich kannte einen Maler, der Knöpfe sammelte. Er war als Historienmaler über das Kostüm auf dieses Sondergebiet gekommen: mit dem Knopf beginnt die eigentlich moderne Tracht. Ein anderer Maler sammelte Handlaternen aller Zeitalter. Wie er dazu gekommen war, konnte er mir nicht sagen. Er meinte, das wisse er nicht genau, er habe allerlei Dinge gesammelt, plötzlich habe er entdeckt, daß eine große Anzahl Handlaternen darunter sei, habe sie zusammengestellt und bei dem Anblick den Entschluß gefaßt, weiter zu sammeln. Auf dem Gebiet der Malerei pflegt der Künstler zu sammeln, was seiner Kunst entspricht. Joshua Reynolds ist ein Beispiel aus alter Zeit, Makart und Lenbach aus der jüngsten Vergangenheit, aus unserer Zeit Liebermann, der eine der reichsten Sammlungen der französischen Impressionisten, Lithographien und Zeichnungen von Daumier und wundervolle Werke älterer Berliner Meister und japanischer Erzeugnisse zusammengebracht hat. Jeder Galeriedirektor sollte diese Sammlung studieren, nicht nur, weil sie so erlesene Kunstwerke enthält, an denen er seine Empfindung für Qualität stärken kann, sondern weil der Gesamtorganismus dieser Sammlung ihm den Begriff des Gewachsenen offenbaren kann, den jede Sammlung haben muß.

Kunstwerke sammeln dient nach allem nicht nur der Befriedigung der Eitelkeit oder eines mehr oder weniger stark in jeder Seele vorhandenen Triebs zum Besitz, nicht nur der Ausspannung und Erholung von allerlei Berufsarbeit, der Verwendung überschüssiger, im Beruf nicht beanspruchter Lebensenergie, – die Sammeltätigkeit gehört zu den Grundlagen der höchsten Form der Bildung, die wir kennen, der Bildung im Sinne Goethes. Sie ist die notwendige Ergänzung unserer wesentlich auf Wort und Wissen angelegten Bildung, denn sie führt zu den Dingen und in die Dinge hinein, sie weckt und entwickelt Kräfte des Geistes und des Herzens, die sonst ruhen, sie gewährt Zugang zu dem geheimnisvollen Wesen der Wissenschaft und der Kunst und erfüllt mit einem erwärmenden, alles durchdringenden Glücksgefühl, das sonst nur der Forscher und der Künstler kennt.

Die Erfahrung lehrt, daß, wer auf irgendeinem Gebiet zu sammeln beginnt, eine Wandlung in seiner Seele anheben spürt. Er wird ein freudiger Mensch, den eine tiefere Teilnahme erfüllt, und ein offeneres Verständnis für die Dinge dieser Welt bewegt seine Seele.

Über sich selbst hinauswirkend hat sich der Sammler als Hüter nationaler Schätze, als unentbehrlichen Untergrund alles künstlerischen Schaffens und als ein Anregungszentrum bewiesen, das die Kraft des Künstlers, die sich in tausend Kultur- und Wirtschaftswerte umsetzt, auf das ganze Volk überleiten hilft.

Photographie von Rudolf Dührkoop

Bibliographie

Vorwort zu ›Studien‹. Berliner Aufsätze, 1881–86, I. Band.

Musik und bildende Kunst
Aus: ›Studien‹. *Berliner Aufsätze*, 1883/85, I. Band.

Publikum
Aus: ›Studien‹. *Berliner Aufsätze*, 1881–86, I. Band.

Indische Kunst
Aus: ›Studien‹. *Berliner Aufsätze*, 1881–86, I. Band.

Die Kunst im preußischen Etat
Aus: ›Studien‹. *Berliner Aufsätze*, 1881–86, II. Band.

Museen als Bildungsstätten
Vortrag auf dem Mannheimer Museumstag, 21./22. September 1903.
Aus: Wolf Mannhardt, *Alfred Lichtwark. Eine Auswahl seiner Schriften*, Berlin 1917, Band II, S. 185–189.

Theorie und Historie, 1896
Aus: *Die Grundlagen der künstlerischen Bildung. Palastfenster und Flügeltür*, Berlin 1905, 3. Auflage.

Makartbouquet und Blumenstrauß, 1892
Erschien erstmals 1892 im *Hamburger Weihnachtsbuch* des Verlages Otto Meißner, Hamburg. Neuabdruck unter diesem Titel als separates Bändchen in der Verlagsanstalt für Kunst und Wissenschaft, München 1894. Hier in gekürzter Fassung.

Wandlungen, 1894
Aus: *Die Grundlagen der künstlerischen Bildung. Palastfenster und Flügeltür*, Berlin 1905, 3. Auflage.

Selbsterziehung, 1896
Aus: *Jahrbuch der Gesellschaft Hamburgischer Kunstfreunde und der Gesellschaft zur Förderung der Amateurphotographie*, Band II, 1896, S. 50–52.

Dilettantismus und Volkskunst, 1896
Aus: *Jahrbuch der Gesellschaft Hamburgischer Kunstfreunde und der Gesellschaft zur Förderung der Amateurphotographie*, Band II, 1896, S. 53–55.

Zur Organisation des Dilettantismus
Aus: *Pan*, II. Jahrgang, Heft 3, 1896/97, S. 303–308.

Die Bedeutung der Amateurphotographie
Erschienen im *Hamburgischen Korrespondenten* am 15. Oktober 1893.

Bildnismalerei und Amateurphotographie
Vortrag in der Gesellschaft zur Förderung der Amateurphotographie 1896. Eine erste Fassung erschien bereits 1896 im *Jahrbuch der Gesellschaft Hamburgischer Kunstfreunde und der Gesellschaft zur Förderung der Amateurphotographie*, Band II, S. 70–73. Die hier vorliegende zweite Fassung erschien in dem Band *Vom Arbeitsfeld des Dilettantismus*, Dresden 1897, S. 79–92.

Der Deutsche der Zukunft
Schlußworte auf der ersten Kunsterziehungstagung in Dresden, 28./29. September 1901.
Aus: Wolf Mannhardt, *Alfred Lichtwark. Eine Auswahl seiner Schriften*, Berlin 1917, Band I, S. 3–18.

Haustüren, 1899
Aus der in zwei Teilen unter dem Titel *Palastfenster und Flügeltür*
bei Bruno Cassirer in Berlin erstmals 1899 erschienenen Schrift.

Der Heidegarten, 1904
Der schon 1904 verfaßte Aufsatz erschien in den *Park- und Gar-
tenstudien* der Reihe *Die Grundlagen der künstlerischen Bildung*
bei Bruno Cassirer in Berlin 1909, S. 11–45.

Was ein Menschenleben umspannt, 1909
Aus: Wolf Mannhardt, *Alfred Lichtwark. Eine Auswahl seiner
Schriften*, Berlin 1917, Band II.

Der Sammler
Erschien erstmals 1911 in der Zeitschrift *Kunst und Künstler*,
S. 229–242. Dann in: Wolf Mannhardt, *Alfred Lichtwark. Eine
Auswahl seiner Schriften*, Berlin 1917, Band I, S. 72–92.

Max Liebermann

Die Phantasie in der Malerei

Schriften und Reden
Herausgegeben von Günter Busch
320 Seiten und 32 Seiten Bildteil,
Leinen

Viele Male in langer Lebensspanne (1847 bis 1935) hat
Max Liebermann mit dem Pinsel und dem Gerät des
Graphikers sich selbst porträtiert; der nobel eine
Epoche in Deutschland repräsentierende Maler hat es
auch mit dem Wort getan: unter den schöpferischen
Künstlern einer der bedeutendsten Kunstschriftsteller. Was er schrieb und öffentlich sprach, gelegen-
heitsbezogen oft, gewiß auch zeit- und generations-
bedingt, war immer Erkenntnis und Bekenntnis,
Bruchstück einer künstlerischen Konfession und
praktischen Ästhetik, eigenwüchsiger und eigenwil-
liger Ausdruck einer starken Persönlichkeit, deren-
gleichen nicht wiederkehrt. Liebermann hat in
Leben, Werk und Wesen scheinbar Gegensätzliches
zu voller Harmonie vereinigt. Er galt als ein Original und war, ein Bürger patrizischen Stils, bewußt
und ganz Deutscher, Preuße, Berliner, Jude.

S. Fischer